52 주간의 멋진 부모 코칭

적극적인 부모 역할 마스터

Michael H. Popkin 저
홍경자 · 김유정 편역

학지사

Doc Pop's 52 Weeks of Active Parenting:
Proven Ways to Build a Healthy and Happy Family
by Michael H. Popkin

역자 서문

팝킨 박사가 제작한 '적극적인 부모 역할(Active Parenting)' 프로그램이 역자를 통하여 우리나라에 소개된 지도 상당한 세월이 흘렀다. 적극적인 부모 역할(이하 'AP'라고 함)은 부모교육 부분에서 세계 최초로 제작된 DVD(비디오)를 시청하면서 AP 지도자(강사)가 워크숍 시간에 인도하는 대로 자녀 지도에 필요한 최신의 이론과 기술을 재미있는 역할놀이로 익히는 흥미진진한 부모교육 내지 부모 코칭 프로그램을 말한다.

이 책은 적극적인 부모 역할 프로그램에서 다룬 모든 자녀 지도상의 기술을 52개로 목록화하여 일주일에 한 가지씩 익힘으로써 52주, 곧 일 년에 걸쳐 자녀 양육의 달인(達人)이 되도록 고안한 것이다. 사람을 대하는 태도나 대화 방식을 바꾼다는 것은 쉬운 일이 아니기 때문에, 부모가 상당한 기간 동안 자녀와 질적인 시간을 보내면서 무척 재미있고 쉽게 좋은 습관과 인격적인 자질을 길러 주도록 구성하였다.

AP에서는 책임감, 용기, 자기 존중감, 협동심과 상호 존경의 다섯 가지 자질을 자녀에게 습득시키도록 강조하고 있다. 이런 다섯 가지 자질을 몸에 익힌 자녀는 21세기의 지구촌 생활에서 생존하고 번영을 누리며, 이 사회에 좋은 영향력을 미치는 리더가 될 수 있다.

이처럼 훌륭한 품성을 갖춘 청소년들은 리더십이 개발될 뿐만 아니라 저절로 효율적인 학업성취자가 될 수 있다. 그래서 부모가 자녀에게 굳이 "공부를 열심히 하거라."라고 다그칠 필요가 없게 된다.

그럼에도 모든 부모들의 관심은 지금 당장 아이가 좋은 성적을 얻고, 실력이 향상되는 문제에 쏠려 있다고 볼 수 있다. 이러한 부모들의 욕구와 관심에 민감하게 응해 주기 위해서 팝킨 박사는 이 책에서 지혜롭게 자녀의 학업을 도와주는 부모의 전략과 효율적인 학습의 기술 및 다중지능이론 등에 대한 내용을 자세하게 소개하고 있다. 그렇게 추가된 내용은 지금까지 AP 프로그램에 참석했던 부모와 교사들에게도 많은 도움을 줄 것임에 틀림없다.

그런데 역자에게는 혹시 AP 프로그램을 접할 기회가 없었던 사람들이 이 책에서 소개한 자녀 양육 기술이나 용어를 확실하게 이해하기는 힘들지 않을까 하는 염려의 마음이 생겼다.

그래서 팝킨 박사가 소개하는 주제들과 관련된 전문적인 용어나 이론에 대해 역자가 쉽게 풀어서 설명해 주는 것을 첨가하면 더 유익할 것이라는 생각으로 상당 부분 주석을 달아서 이 책을 편집하였다. 그리고 독자들의 완전학습을 돕기 위해서 만화나 그림도 첨가하였다. 또한 독자들이 효율적이고 질적인 대화의 기술을 익힐 수 있도록 의사소통 내지 문제해결적 대화의 요령을 많이 소개하였다.

성공적으로 자녀를 키우고 싶고, 가정생활의 행복을 꽃피우고 싶어 하는 분들께 모쪼록 이 책이 유익한 안내서가 되기를 기원한다.

그리고 나의 부모 코칭 사업을 진심으로 후원해 주시고, 또 이 책의 출판을 흔쾌하게 허락해 주신 학지사 김진환 사장님께 깊이 감사 드린다.

아울러 편집 작업을 도와준 이미량 선생과 고상한 목적을 가지고 부모와 청소년을 도와주는 전국의 AP 지도자 분들께도 감사의 뜻을 표한다.

2013년 1월

우면산 기슭에서

저자 서문

복잡하고 다양한 현대생활의 역경과 고난을 겪으면서 왜 어떤 가정은 번영을 구가하고, 또 어떤 가정은 고통과 좌절 속에서 마치 첩첩 산을 오르듯이 끝없는 문제 속에 빠져 허우적거리는 것일까? 당신은 그 점이 궁금하지 않은가? 의문이 들지 않는다면 다음의 질문에 대해 생각해 보자.

가정생활에서 더 큰 기쁨과 만족을 느끼며 동시에 당신의 자녀에게 21세기에 성공하는 데 필요한 품성과 가치관 및 기술을 전수해 줄 수 있는 방법은 어떤 것이 있는지 궁금하지 않은가? 이 질문에 대해서도 궁금하지 않다면 당신은 외계인이 실제로 피라미드를 쌓았고, 그 피라미드 속에 자녀 지도에 대한 불후의 서적을 숨겨 놓았을 것이라고 생각하는 것은 아닌가? 만약 당신이 그런 생각을 하고 있다면, 당신에게는 매우 유감이지만 이 책은 그런 비장(秘藏)의 서적이 될 수 없다.

이 책은 외계인이 남겨 둔 책도 아니고, 시나이(sinai)산(모세가 신으로부터

십계명을 받은 산)에서 전수된 책도 아니다. 이 책은 다만 성공적인 자녀를 키우고, 만족스러운 가정을 꾸리는 일에 대하여 내가 아는 최선의 방법을 알려주고자 저술한 것이다.

무엇보다 내가 제작한 부모 역할 프로그램을 이수한 수백만 명의 부모들로부터 가장 효과적인 자녀 지도 기법이라고 입증된 것들을 간추려 구성한 것인 만큼, '팝킨 박사의 최대 히트작'이라고 해야 할까(그렇더라도 이것은 수백만 명의 학부모들이 일일이 나에게 편지를 보내 주었다는 뜻은 아니다. 그러니까 앞의 말은 약간 과장된 표현이지만, 아무튼 그런 식으로 표현해 보기로 한다)?

내가 부모교육 내지 부모 코칭 프로그램을 전 세계에 소개한 지도 어느덧 30년이 된다. 그러나 자녀 지도에 관한 훌륭한 정보를 얻고 나서도 아직도 가정에서의 갈등을 개선하지 못한 채 힘들어하는 부모들을 만나고 있다.

나 역시 그렇게 힘들어하는 부모 중의 한 사람이며, 영특한 십 대 자녀 두 명을 둔 평범한 부모일 따름이다. 그래서 부모의 입장으로 저술한 이 책이 당신에게 도움을 주리라 믿는다.

이 책이 당신에게 약간의 도움을 줄지, 아주 많은 도움을 줄지는 오로지 당신에게 달려 있으며, 또 내가 강조하는 것을 당신이 얼마나 열심히 실천하는지에 따라 좌우될 것이다.

그런데 51주도 아니고 53주도 아니며, 오로지 '52주간의 멋진 부모 코칭'이라는 제목을 붙인 것은 무엇을 의미하는가? 바로 자녀 양육에 관한 기초지식을 망라하는 데 정확하게 52개의 지식이 필요했기 때문이다. 그런데 우연의 일치로 일 년이 52주로 되어 있으니 무척이나 기쁜 일이다. 그런 면에서 나는 운이 좋은 사람이라고 해야 할까?

그런데 방금 앞에서 언급한 말은 그저 농담일 뿐이다. 부모 코칭 기술을 습득하는 기간을 52주간으로 계획한 것은 당신이 일 년에 걸쳐서 천천히, 점진적으로 매주 새로운 기술을 익히고 실천하라는 의미에서 그렇게 한 것이다. 물론 짧은 기간 동안에 부모 역할에 필요한 기술을 모두 익혀 나갈 수도 있다.

그렇더라도 당신이 중요하다고 생각하는 '활동'의 내용은 반드시 실행해 보면서 앞으로 나아가기 바란다. 지식 자체가 중요한 것이 아니라, 그 지식을 당신이 실천하는 것이 중요하다. 그러므로 매주 한 가지 기술을 사용해 보도록 시도하면서 인내심 있게 일 년을 보내면, 당신은 분명히 긍정적인 변화를 보일 수 있을 것이다. 이 책을 당신의 가족에게 바친다.

이 세상에서 가장 중요한 가족에게!

철학박사 마이클 팝킨

차례

1주

부모 역할의 목적

어떠한 직업이든지 그 일을 잘하려면 그 직업의 목적을 이해하는 것부터 시작해야 한다. 모든 직업 중에서 부모라고 하는 직업은 가장 중요하며, 가장 도전적인 직업이다. 그러므로 좋은 부모가 되기 위해서는 부모 역할의 목적을 이해하는 것부터 시작해야 함은 두말할 필요가 없다.

부모된 자로서 우리의 목적은 무엇인가? 자녀에게 어질러 놓은 장난감을 치우고, 강아지에게 먹이를 주는 일을 확실하게 하라고 말해 주는 것인가? 자녀들이 싸우고, 음식을 가지고 서로 실랑이를 벌일 때 심판하는 일인가? 새하얀 코트를 입은 꼬마 신사가 옷이 더럽혀졌다고 말하지 않도록 집 안을 청결하게 유지하기 위해 청소하고 정리하는 것인가? 그 말도 맞다.

그러나 부모의 역할이란 그 이상의 의미가 담겨 있다. 다음의 글을 소리 내어 읽어 보자.

부모 역할은 우리의 자녀들이 살고 있는 사회 안에서
그들이 생존하고 번영하도록 보호하고 준비시켜 주는 것을
목적으로 한다.

달리 표현하자면, 부모 역할이란 급변하는 첨단기술의 다문화적인 21세기 민주주의 사회에서 우리의 자녀가 성공하도록 양육하는 것이다. 이는 자녀들이 번영을 구가할 수 있는 기술과 자질을 길러 주는 것을 말한다. 즉, 용기, 책임감, 상호 존경, 협동심, 문제해결 능력, 갈등 관리, 공감과 의사소통의 자질을 길러 주는 것이다. 휴우! 앞에 언급한 자질의 내용을 읽기만 해도 압도되지 않는가?

갑자기 하늘 문이 열리고 누군가 당신의 어깨 위에 살짝 올라앉더니, 당신이 이 세상에서 가장 중요한 어린이를 키우도록 선택받았다고 속삭여 준다면 어떨까? 뛸듯이 기쁜 나머지 당신의 가슴은 얼마나 두근거릴 것인가? 당신은 그 직업을 얼마나 진지하게 받아들일 것인가? 당신은 그 일을 훌륭하게 수행하기 위해서 전문적인 훈련과 도움을 받으려고 하지 않겠는가? 또한 그 직업을 수행하는 데 필요한 시간과 에너지를 기꺼이 투자하지 않겠는가? 아침에 출근할 때마다 가슴 뿌듯한 느낌으로 발걸음이 가벼워지지 않겠는가? 그렇다. 당신은 이 세상에서 가장 중요한 아이, 곧 당신의 자녀를 키우도록 선택받았다.

"축하합니다. 그렇죠? 이제 아시겠죠?"

● 활 동

여기에 자녀의 사진을 붙여 보자

최근에 찍은 자녀들의 사진을 아이별로 각각 한 장씩 준비하여 다음 장에 붙여 보자. 이제 각각의 사진을 들여다보면서 당신 자신에게 다음과 같이 말해 본다.

“이 아이는 세상에서 가장 소중한 아이야. 사실상 모든 부모가 이 세상에서 가장 소중한 자녀를 키우고 있어서, 자녀 양육은 실로 엄청난 책임감을 요구하지. 나는 그 일을 가슴 뿌듯한 심정으로 해낼 수 있다고!”

그런 다음 자녀의 사진 옆 빈칸에 자녀의 특징 중에서 당신이 좋아하는 것을 세 가지만 적어 보자.

■ 이 세상에서 가장 소중한 아이

● 역자의 선물

■ 적극적인 부모와 행복하고 유능한 자녀

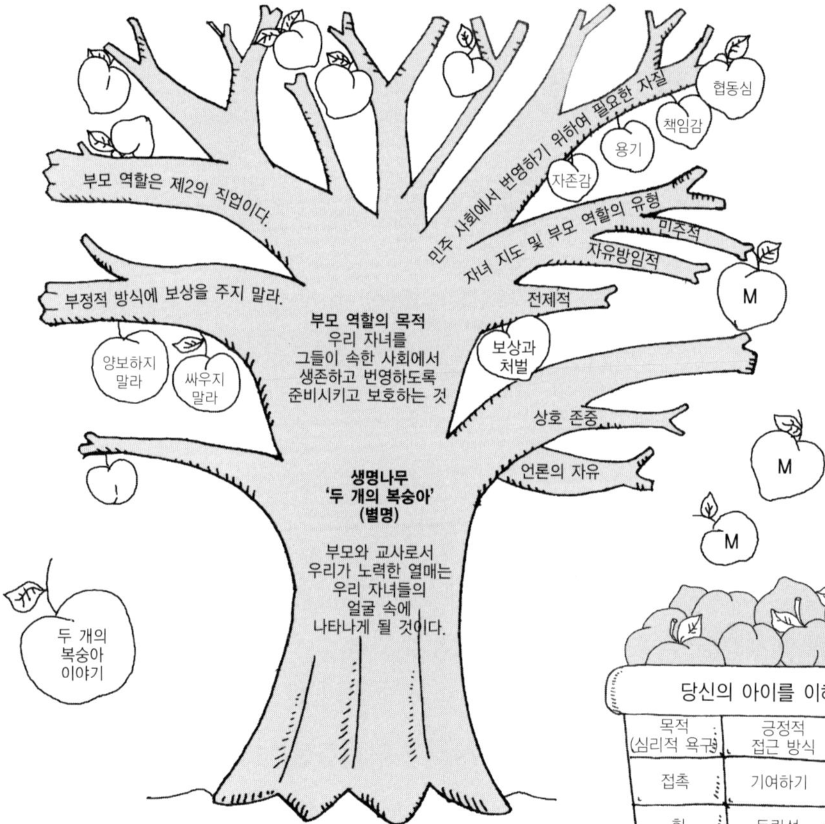

■ 부모 역할의 목적과 유형 및 자녀에게 길러 주어야 할 품성

출처: 홍경자 역(2000). 적극적인 부모의 하이웨이. 중앙적성출판사.

2주

매일 조금씩 놀아 주기

대부분의 부모는 자녀의 발달 과정 중에 적절한 지도와 훈육을 해 주는 것이 얼마나 중요한지 절감하고 있다. 그러나 훈육은 저절로 이루어지는 것이 아니다. 훈육은 당신과 자녀 간의 전반적인 관계 속에서 이루어진다.

부모와 자녀 사이에 상호 간의 존경과 진지한 보살핌에 근거하여 좋은 관계가 형성되었을 때, 자녀를 훈육하기가 훨씬 쉽고, 아이들의 행동 방향에 대해서 부모는 더 큰 영향력을 행사하게 된다. 그러나 부모와 자녀의 관계가 원만하지 못하고, 평소에 서로 눈도 마주치지 않고 지내다가 당신이 "그만!" 혹은 "안 돼!"라고 말하면서 아이들을 싸늘한 눈빛으로 쳐다본다면, 자녀는 좌절하고 원망하다가 결국 엇나간 행동을 하기 쉽다.

자녀와 긍정적인 관계를 유지하기 위하여 매일 자녀와 함께 조금씩 놀아 주는 것이 중요하다. 바쁜 날에는 단 10분만이라도 목마를 태워 주자. 가끔씩 시간이 넉넉한 주말에는 오후 시간 내내 함께 보내도록 하라.

그렇다면 모든 가족이 일주일간 놀이공원에 함께 가서 무제한으로 놀이기구를 타고, 아이들이 원할 때마다 아이스크림을 마음껏 먹게 하는 것이 더 좋은 방법이 아닐까(열두 살짜리 내 아들 녀석이 이런 제안을 했다. 아들이 이 같은 제안을 한 것은 전적으로 우리 부부의 잘못이다. 우리가 아이들에게 꿈을 크게 가지라고 가르쳤기 때문이다)?

핵심은 부모와 자녀가 모두 좋아하는 활동을 선택하는 것이다. 그리고 함께 놀아 줄 때 반드시 돈을 많이 쓸 필요는 없다. 보드게임이나 스포츠, 외출, 집 안에서 베개 싸움하기, 함께 요리하기, 테러 단체 무너뜨리기(실제 상황이 아니라 비디오게임을 말하는 것이다) 등을 할 수 있을 것이다.

이 시간은 훈육을 하거나 자녀의 행동을 야단치는 시간이 되지 않도록 하라. 당신 자신과 자녀들이 오로지 즐기는 시간이 되게 하라. 날마다 조금씩 놀아 주는 것만으로도 당신과 자녀 간에 여러 면에서 얼마나 많은 이득을 얻는지 알게 되면 깜짝 놀랄 것이다.

● 활 동

자녀와 즐거운 시간 가지기

잠깐 시간을 내서 당신이 자녀들과 한 명씩 따로따로 재미있게 놀았던 시간을 생각해 보자. 그 활동을 함께했을 때 기분 좋았던 기억을 떠올려 보자. 당신과 자녀 둘이서 함께 놀았을 때 자녀의 기쁜 얼굴을 떠올려 보자. 그리고 당신이 자녀와 시간을 함께하는 것을 매우 소중하게 여긴다는 사실이 자녀에게 전해졌을 때 자녀가 마음속으로 얼마나 뿌듯해하는지 상상해 보자. 이번 일주일 동안은 적어도 매일 10분씩 자녀와 함께 즐거운 시간을 갖도록 계획을 세워 보자. 그러고 나서 다음 빈칸에 적어 보자.

	당신이 한 일은 무엇이고 어떻게 진행되었는가?	이 놀이를 다음번에 어떤 방식으로 재미있게 만들 것인가?
1일		
2일		
3일		
4일		
5일		
6일		
7일		

힌 트

- 공 던지기 혹은 공 넣기
- 특별한 간식 만들어 주기(예: 함께 볶음밥과 김치찌개 또는 팬케이크와 수프 만들기)
- 함께 게임하기
- 함께 어지르기
- 단둘이서 외출하기 또는 산책하기(예: 아파트 주변 걷기)
- 서로 간지럼 태우기
- 농담하기 혹은 유머 나누기
- 아이를 담요로 돌돌 감싸고 굴리기
- 숨바꼭질하기
- 수수께끼 놀이하기
- 끝말잇기 하기
- 훌라후프나 재미있는 동작 따라 하기

■ 화목한 가족 만들기 – "그대로 멈춰라!"

"즐겁게 춤을 추다가 그대로 멈춰라!"

3주

문제점이 모두 나쁜 것은 아니다

TV 드라마를 보면 끝없는 좌절과 혼란 속에 허우적거리는 가정의 이야기가 많이 나온다. 그런 가정과 건강하고 행복한 가정의 차이점은 무엇일까? 행복한 가정과 불행한 가정이 다른 점은, 그 가정에 문제점이 있느냐 혹은 없느냐에 달려 있다고 생각하기 쉽다.

그런데 사실 모든 가정은 문제를 가지고 있다. 그러므로 가정의 문제 여부와 가정의 행복 여부는 큰 상관이 없다. 두 가지 형태의 차이점을 들자면, 어떤 가족은 그들의 문제를 효과적으로 다루지만, 다른 가족은 심슨가(家)처럼 그들의 문제를 효과적으로 다루지 못하고 오히려 끝없이 문젯거리를 만들어 악화시키는 것이다.

또 한 가지 유념해야 할 사실은 문제 자체가 나쁜 것은 아니라는 점이다. 어떤 문제가 발생했을 때 그것을 계기로 하여 부모는 자녀들에게 책임감, 협동심, 용기, 갈등 해결 및 협상과 같은 기술을 가르쳐 주는 귀중한 기회로 삼을 수 있다는 것이다.

1주에서 부모 역할의 목적을 정의(定義)한 것처럼 앞에서 언급한 자질과 기술을 아이들에게 길러 주면, 우리의 자녀들은 현대의 민주 사회에서 건강하게 생활할 수 있을 것이다. 따라서 중요한 것은 자녀들에게 학습할 기회를 제공해 주는 것이다.

우리의 삶에 아무런 문제가 없다면(그리고 그 문제를 통해서 동기 유발이 되지 않는다면), 우리는 그저 멍하니 앉아서 해묵은 시트콤만 반복해서 시청하고 있을지도 모른다.

● 활 동

바윗돌의 가치를 인정하라

어린 소년이 동생의 손을 잡고 높은 산에 올라가서 아름다운 경치를 내려다보려고 하였다. 그런데 등산 도중에 갑자기 가파르고 울퉁불퉁한 길이 나타났다.

동생은 실망해서 "이런 곳을 어떻게 올라가지? 모두 바윗돌로 덮여 있잖아." 라고 말하였다.

그러자 형이 어린 동생의 손을 잡고 나지막하게 설명해 주었다. “이 바윗돌이 있기 때문에 우리가 그것을 딛고서 산을 올라갈 수 있는 거야.” 이 말이 옳다. 형제는 더 이상 불평하지 않았다.

우리의 삶도 이와 다르지 않다. 바윗돌이 방해물이 아니라 디딤돌이 되어 주었듯이, 인생에서 문젯거리는 우리에게 기회를 제공한다. 그런 관점을 가지고, 이번 주간에는 당신 가정에서 풀어 나가야 할 문제점을 찾아보기로 하자.

만일 당신의 두 자녀가 성인의 보호를 받지 않고 자기들끼리 가파른 산을 등산하려고 한다면 한 달 동안 그들을 단련시켜라. 이번 주간에는 가족 구성원을 관찰하면서 어떤 문제점이 있는지 적어 보자. 문젯거리 때문에 화를 내거나 고통스러워하기보다는, 오히려 그 문제점을 활용하여 자녀가 지혜로운 교훈을 깨닫도록 하는 좋은 기회로 삼아 보자.

문제점	자녀에게 가르쳐 주어야 할 자질과 기술
예) 방 안이 항상 어질러져 있다.	정리 정돈의 중요성을 가르쳐 준다.

힌 트

비교적 다루기 쉬운 문제점부터 생각해 보자.

- 숙제 미루기
- 아침밥 거르기
- 해로운 간식 먹기
- 편식하기
- 늦잠 자기
- 칭얼대며 떼쓰기
- 쇼핑센터에서 뛰어다니며 물건 만지기
- 형제끼리 싸우기
- 허락 없이 부모의 지갑에서 돈 꺼내 가기

● 역자의 선물

■ 성가신 존재와 문제점 안에 숨겨진 보물

당신은 '왕자로 변한 두꺼비'의 우화를 알고 있을 것이다. 공주가 놀다가 실수로 금빛 나는 공을 우물에 빠트렸다. 그 우물 속에는 두꺼비가 살고 있었다. 혐오스러운 두꺼비는 자기에게 뽀뽀해 주면 공을 찾아 주고, 그렇게 하지 않으면 공을 찾아 주지 않겠다고 울고 있는 공주에게 말하였다. 공주는 혐오스럽고 싫은 마음을 억지로 참고, 귀찮게 구는 두꺼비에게 뽀뽀해 주었다. 그러자 두꺼비는 아주 늠름하고 황홀한 모습의 왕자로 변하였다.

자녀가 말썽을 부리고 엇나간 행동을 할 때 부모는 그것이 자신에게 있어 두통거리요, 수치요, 손해라고 생각한다. 그러나 혐오스러운 두꺼비의 숨겨진 정체가 왕자였듯이, 말썽 부리는 자녀의 안에는 보물이 숨겨져 있다. 그러므로 그런 자녀를 바라보는 태도를 바꿀 필요가 있다.

'아이고 힘들다. 이렇게 고약한 말썽꾸러기를 어떻게 다루지?' 라고 일단은 알아차리고 독백하라. 그런 다음에 인내심을 가지고 자녀 양육 기술을 개발하라. 그리고 자녀가 보이는 단점과 약점은 무시하고, 자녀가 지닌 잠재력과 강점을 발견하는 일에만 전적으로 관심을 쏟도록 하라. 초등학교 때부터 꼴찌를 면치 못하고, 고등학교를 6년에 걸쳐서 졸업했던 윈스턴 처칠을 세계적인 위인으로 만든 그의 부모처럼…….

문제점 안에는 색다른 재능이 숨겨져 있다. 게다가 부모는 그런 자녀를 양육하면서 인내와 사랑과 지혜와 아량과 세상을 보는 안목을 계발해 간다. 그래서 두통거리 자녀를 키우다 보면 당신은 어느덧 멋진 인격자로 변신할 것이다. 이렇게 당신 역시 두꺼비에서 왕자로 변신하는 것은 아닐까?

멋진 두 왕자가 탄생한 셈이다. 문제점 안에는 그런 보물이 숨겨져 있다.

4주

선택권을 사용하여 힘겨루기에서 벗어나라

내가 마침 친구 집을 방문했을 때의 일이다. 나와 친구 가족은 함께 외식을 하러 외출하기로 되어 있었다. 내 친구는 다섯 살짜리 아들에게 오버코트를 입히려고 하였고, 싫다는 아이와 실랑이를 벌이게 되었다. 15분이 넘도록 애원하고 볼멘소리를 하다가 급기야 협박(아이가 아니라 내 친구가 한 행동이다)을 하기에 이르렀다. 나는 친구를 조용히 불렀다. 그리고 혹시 그 아이에게 입혀 줄 수 있는 다른 오버코트가 집에 있는지 물어보았다. 다행히 그는 또 다른 오버코트가 있다고 하였다. 그래서 나는 친구에게 "두 개의 코트 중에서 한 개를 선택해 볼래?"라며 아들에게 제안해 보라고 넌지시 일러 주었다.

그는 화가 극도로 치밀어 오른 나머지 거의 아동 학대를 할 지점까지 이른 상태였다. 어떤 뾰족한 방도라도 찾아보고 싶었던 시점이었기에, 친구는 나의 충고를 기꺼이 받아들였고, 그는 아들에게 선택권을 주었다. 두말할 것도 없이 아이는 두 번째 코트를 선택하였고, 우리는 곧바로 외출할 수 있었다.

많은 부모들이 이렇게 생각할 수 있다. "그래, 나도 선택권을 주지. 오버코트를 입고 갈래? 아니면 오버코트는 입지 않고 그냥 내 손만 붙잡고 갈래?"

물론 그런 방법도 효과를 볼 수 있다. 그러나 그것은 잠시뿐이고, 자꾸만 불만이 쌓이다 보면 자녀는 엉뚱한 일을 가지고 당신에게 반항할 가능성이 높다.

선택권 주기의 매력이란, 아이가 "싫어, 싫어!"라고 떼를 쓰고 난 다음에 무언가를 힘겹게 얻어 내지 않고서도, 아이 쪽에서 자유롭게 선택할 수 있도록 합법적인 권한을 주는 것이다.

한번 생각해 보자. 당신이 자녀에게 선택권을 주지 않고 일방적으로 명령한다고 하자. 그렇게 되면 자녀는 무언가 자기에게도 힘이 있다는 것을 나타내고 싶어 하지 않겠는가? 이때 자녀가 취할 수 있는 유일한 방편은 당신의 명령을 거부하는 것이다.

자녀에게 양자택일(兩者擇一)의 선택권(예: "너, 오렌지 주스 마실래? 애플 주스 마실래?" "저녁 식사 전에 숙제를 할래? 저녁 식사 후에 할래?")을 주면, 아이는 부모에게 반항하지 않고서도 자신에게 힘이 있다는 것을 느끼게 된다. 이는 수많은 힘겨루기를 슬그머니 비껴가는 효과적인 기술일 뿐만 아니라, 자녀의 의사결정 능력을 향상시키도록 준비시켜 주는 것이다. 좀 더 장성한 자녀에게는 개방형의 선택권(예: "오늘 아침 무슨 주스를 마시고 싶니?" "이번 학기에 숙제하는 시간을 어떻게 정할래?")을 줄 수 있다. 그러나 어린아이들에게는 개방형보다는 양자택일과 같이 간단한 선택권을 주는 것이 좋다.

● 활 동

선택권 주기

이번 주간에는 당신이 자녀에게 선택권을 전혀 주지 않은 채 명령과 지시만 하고 있는 때가 언제인지 주목해 보라. 그러고 나서 당신 쪽에서 허용할 수 있는 한계 내에서 선택권을 제공하는 기회를 찾아본다.

예를 들면, 자녀에게 "콩밥을 먹기 싫으면, 밥 먹지 말고 한 끼 걸러도 돼." 라고 말했는데, 자녀가 한 끼 거르는 쪽을 선택했다고 하자. 이때 당신은 식탁을 쾅쾅 치면서, "얼른 이리 와서 콩밥 안 먹어?" 라고 위협하면 안 된다.

당신이 언행일치할 수 있는 선택권만 주도록 하라. 즉, 당신 쪽에서 말한 것을 지키지 못할 사항은 처음부터 아예 언급하지 말아야 한다는 뜻이다.

한 가지 더 경고하자면, 매사를 아이 쪽에서 선택하라고 지시하지 말아야 한다. 어린이들은 때로 부모 쪽에서 분명한 지시를 내려 주기를 바란다. 예를 들면, 네 살짜리 아이가 길거리를 뛰어다니는 것에 대해서 선택권을 주는 것은 시기적으로 적절하지 않다. 이때는 "안 돼!" 라고 소리치고, 급히 달려가서 아이를 끌어안고 안전한 곳으로 나와야 한다.

나는 당신이 창의적인 부모라고 생각한다. 자녀가 반드시 안전하고 적절한 행동을 하는 것 중에서 양자택일해 보라고 지시할 것으로 믿는다. 당신이 자녀에게 어떤 선택권을 줄 수 있는지 다음에 적어 보자.

- 선택권
- 결과

- 선택권
- 결과

- 선택권
- 결과

● 역자의 선물

■ 선택권 주기의 예

유아 또는 아동	청소년
"잠자기 전에 우리가 함께 읽을 책을 엄마가 골라 줄까? 아니면 네가 고르겠니?"	"설거지와 식탁 정리 중에 너는 어떤 일을 도와주고 싶니?"
"지금 목욕할까? 아니면 10분 후에 목욕할까? 목욕할 때 물장구치면서 할까? 아니면 춤추면서 할까?"	"명절날 할아버지 댁에 갈 건데, 그때 너는 무슨 말씀을 해 드리고 싶니?"

■ 힘겨루기의 영향력

자녀가 눈을 부릅뜨며 부모에게 거친 말을 할 때, 부모는 화가 나기 마련이다. 그래서 부모는 큰소리를 내고 질책하면서 훈계를 하게 된다.

처음에는 언쟁으로 시작한 것이 자녀와 부모 간에 점점 험악한 표정과 말투, 분노와 미움의 감정(심한 경우는 폭력, 저주까지)으로 이어진다. 자녀의 반항은 더 심해지고, 부모는 마음이 상하게 된다. 그다음에는 어떤 결과가 뒤따를까?

부모가 말로써 이기면 자녀가 지게 되고, 자녀가 반격하여 이기면 부모가 지게 되고, 그래서 부모는 또 자녀를 협박하여 이기려 한다. 이것을 힘겨루기(power struggle)라고 한다. 이런 줄다리기 싸움 끝에 자녀는 비정상적인 수단—고함, 물건 던지기, 욕설 등—을 써서라도 기어코 부모를 이기려고 한다. 자녀는 강압적인 부모의 지도 방식을 인격 모독이라고 생각하여 몹시 화가 날 것이다. 그래서 강한 반발을 하게 되지만, 마음속으로는 불손한 자신의 모습을 보고 부모님께 죄송스럽게 느낄 것이다. 그렇지만 내심으로는 '드디어 내가 아빠를 꼼짝 못하게 했다.'는 승리감으로 쾌감을 느낄 수도 있다. 힘의 욕구가 충족되었기 때문이다.

인간에게서 힘의 욕구는 자존감 내지 자존심과 관련되어 있어서 대단히 강력한 본능이다. 자녀가 언쟁하고 반항하는 것이 습관화되면, 성인이 되었을 때 어떤 문제나 갈등을 대화와 토론으로써 해결하려고 하지 못한다. 누군가가 그의 분노에 불을 지피면 곧바로 열을 내면서 싸움, 욕설, 협박, 폭력으로써 자신의 힘을 증명하려고 하기 쉽다. 다시 말해서, 흥분하고 폭발하는 성격의 인간이 되는 것이다. 이런 현상을 심리학적 용어로는 '조건화(conditioning)되었다' 혹은 '학습(learning)되었다'고 하고, 상식적으로는 '습관화되었다'고 말한다.

힘의 욕구가 뿌리가 되어 거친 행동이 습관화되면, 두뇌의 DNA 회로에도 변화가 생기게 되고, 불교적으로 볼 때 자신의 업(業) 또는 카르마(karma)대로 살아간다고 할 수 있다.

결론적으로 말해서 자녀가 힘의 욕구를 충족시키기 위해서 어긋난 행동을 할 때, 부모가 질책하고 화를 내는 것은 자녀가 그런 행동을 하도록 더욱 부추기는 셈이 된다.

퀴즈를 하나 내 보겠다. 힘이 비슷한 두 마리의 맹견이 싸움을 벌이면 어느 쪽이 이길까? 바로 주인에게서 먹이를 계속 받아먹는 쪽이 이기게 된다. 먹이를 계속 준다는 것은 심리학적으로 말하자면 그 행동을 계속하도록 부추기는 보상과 강화(强化)를 제공한다는 뜻이다. 여기서는 부모의 질책과 분노 폭발이 자녀의 반항 행동을 강화하는 역할을 하는 것이다. 자녀가 부모의 속을 뒤집어 놓고 막무가내로 나올 때 부모가 질책하면, 그 질책은 부모에게 반항을 계속할 수 있는 구실이나 미끼가 된다.

그러므로 힘겨루기에서 벗어나려면 부모가 자녀의 부릅뜬 눈과 폭언에 전혀 반응하지 않고 엉뚱한 반응을 해야 한다. 부드럽고 조용한 목소리로 정중하게 부탁하거나, 자녀의 마음을 읽어 주거나(공감해 주기), 부모 자신의 심경을 담담하게 표현하는('나' 메시지) 방식으로 대하는 것이 유용하다. 그래서 흥분한 아이의 마음을 일단 진정시키고 나서, 그 뒤에 대화로 차근차근 갈등을 풀어 나가는 모습을 부모 쪽에서 보여 주어야 한다.

부모의 말과 행동이 자녀가 화난 감정을 통제하는 방식에 대한 훌륭한 교과서가 되도록 하라.

출처: 홍경자(2007). **자기주장의 심리학**. 학지사. p. 17.

5주

조건부 선택권

자녀들은 부모가 기대하는 것을 하려 하기보다는 자신들이 원하는 것을 하려고 기를 쓴다. 부모들도 그 사실에 대해서는 잘 알고 있지 않은가?

그런데 반가운 소식이 하나 있다. 자녀들이 사실상 마음에 내키지 않는 일을 어쩔 수 없이 실천하도록 만드는 가장 간단하고 강력한 훈육 방법은 조건부(when-then) 선택권을 사용하는 것이다. 이 기술은 '할머니의 규칙'이라고도 한다. 왜냐하면 할머니 혹은 할아버지가 될 때쯤이면 자신을 위해서 "네가 ……해 주면 할머니(할아버지)가 ……해 줄게."와 같은 말을 곧잘 하기 때문이다.

조건부 선택권은 힘겨루기를 비껴가는 멋진 방법인 동시에 자녀들에게 적절한 동기를 유발시켜 준다. 조건부 선택권은 부모가 자녀에게 기대하는 일과 자녀도 하기 좋아하는 일을 연결시켜 주는 것이다. 그래서 자녀가 첫 번째 일을 끝마치면, 두 번째로 언급한 조건이 특권으로 주어진다.

달리 표현하자면, "네가 방을 다 치우고 나면, 그때는 밖에 나가서 놀 수 있다."라고 제안하는 것이다. 이것은 '만일 네가 방을 청소하지 않으면, 밖에 나가서 놀 수 없다.'는 뜻을 내포한다.

조건부 선택권을 줄 때는 모든 훈육의 원칙과 동일하게 하라. 즉, 자녀가 취한 행동에 대한 합당한 결과가 뒤따르도록 안배하라. 그렇지 않으면 아이는 교훈을 얻지 못한다. 이때 당신은 나지막하지만 확고한 목소리를 유지해야 한다. 그리고 비록 조건부 선택권을 주기는 하지만, 그 안에 재미있는 부분이 포함되도록 유념해야 한다. 그러나 아이가 어떤 행동을 하면 금전이나 큰 상금을 주겠다는 식으로 매번 말하는 것은 삼가도록 하라. 보상이나 뇌물의 뉘앙스가 있는 선택권은 바람직하지 않다.

조건부 선택권이란 '먼저 일하고 나서 나중에 논다.'는 부모의 가치를 응용하는 것이다. 조건부 선택권의 대표적인 예를 들면 다음과 같다.

- "네가 세수하고 양치질을 끝마치면, 잠자기 전에 우리는 동화책을 읽을 거야."
- "네가 숙제를 먼저 끝내고 나면, 너는 비디오게임을 할 수 있어."
- "너는 돼지 놀이가 끝난 다음에, 영화를 보러 갈 수 있어."
- "차 안에서 너희가 싸움을 하지 않고 얌전하게 놀면, 내가 계속 차를 몰고 갈 거야."
- "네가 밥을 남기지 않고 다 먹으면, 맛있는 후식을 줄게."

● 활 동

할머니의 규칙 적용하기

- 당신은 자녀가 이렇게 해 주기를 원하는데, 정작 아이는 그 일을 싫어하는 경우가 많다. 그러한 예를 적어 보자.

- 당신의 자녀가 좋아하는 행동을 적고, 그 행동 다음에 으레 뒤따르기 마련인 어떤 조처나 상황을 적어 보자.

- 다음 빈칸을 채워 보자.

네가 ____

____ 하면,

그때 너는 ____

____ 할 수 있다.

기회가 되는 대로 '할머니의 규칙'을 적용해 보라. 부드럽지만 확고한 어조를 유지하고, 그 행동에 뒤따르는 결과를 아이가 반드시 경험할 수 있도록 하라. 그리고 당신이 부탁한 것을 자녀가 실천했을 경우에는 반드시 고마운 마음을 표현하고 격려해 주어라.

역자의 선물

조건부 선택권을 줄 때의 유의 사항

- 아이에게 허용하는 조건부 선택권은 합리적이며 논리적인 연관성이 있어야 한다(예: "네가 어지른 장난감을 다 치우고 나면, 엄마와 함께 쇼핑센터에 갈 수 있어.").
- 처벌과 협박은 선택권이 아니다(예: "네가 숙제를 하지 않으면, 매를 들 거야."라는 말은 결코 사용하지 말라).

- 건강과 질서와 법규 준수에 관한 사항에 선택권을 주어서는 안 된다 (예: "골목길에서 놀래? 우리 집 앞길에서 놀래?"라고 결코 말하지 말라).
- 부정문보다는 긍정문을 사용하라(예: "네가 내일까지 이틀 동안 동생과 싸우는 일이 있으면, 아빠는 용돈을 주지 않을 거야."라고 말하지 말라. 그 대신에 "네가 내일까지 이틀 동안 동생과 사이좋게 놀면, 아빠가 용돈을 줄게."라고 말하라).

6주

그릇된 행동을 사전에 예방하라

게임을 하는 어린이들은 대개 부모의 허락을 받은 다음에 게임을 하기보다는, 일단 부모의 허락 없이 하고 나서 나중에 용서를 구하기 마련이다. 그러니까 자녀들의 그릇된 행동은 부모가 자녀에게 지켜야 할 사항을 사전에 확실하게 말해 주지 않기 때문에 일어나는 것이 대부분이다.

"참! 제가 성인용 영화를 집에서는 볼 수 없다는 것을 알고는 있었어요. 그런데 제 친구네 집에서도 성인용 영화를 봐서는 안 된다고 아빠가 말씀하시지는 않았잖아요! 그래서 친구 집에서 본 건데, 뭐가 잘못되었다는 건가요?"

때때로 이것은 정당한 말일 수도 있고, 경우에 따라서는 핑계일 수도 있다. 사정이야 어떻든지 간에, 부모와 자녀가 머리를 맞대고 앞으로 일어날 새로운 상황과 그 상황에서 마땅히 취해야 할 행동에 대하여 잠시 동안 이야기한다면, 많은 문제를 무난하게 예방할 수 있다.

문제 예방적인 대화 시간은 부모가 일방적으로 어떤 법칙을 자녀에게 훈시하는 시간이 아니다. 이 대화 시간은 부모와 자녀가 상호 간에 무언가를 주고받는 시간이다. 즉, 주어진 상황에서 어떤 일은 허용되고, 어떤 일은 허용되지 않는 것에 대해서 확실하게 의견의 일치를 보는 협상의 과정이다.

물론 부모는 가정의 지도자로서 불건전하고, 위험하며, 불법적이고, 비도덕적이며, 자기 가족의 가치관에 위배되는 행동을 제한할 수 있는 권리와 책임감을 가지고 있다. 그러나 이 문제는 논의의 여지가 많다. 결과적으로 모든 가족 구성원이 미리부터 어떤 일이 일어날 것인지에 대하여 예상하게 되면, 자녀들은 그러한 의사결정 과정에 참여했기 때문에 자신들의 의견도 존중받는 느낌을 갖는다. 그래서 자신도 힘이 있는 존재라고 여기게 된다.

예방적인 대화를 나누어야 하는 사건과 상황의 예는 다음과 같다.

- 외박하기
- 함께 외식하기
- 쇼핑하기
- 데이트하기
- 파티에 참석하기
- 아이 돌보미와 같이 시간 보내기
- 숙제하기
- 가족 휴가
- 친구들을 집으로 데려오기
- 할머니 댁에 방문하기(할머니는 대개 은어를 알아듣지 못하고 좋아하지도 않는다.)

● 활 동

문제 예방적 대화하기

어떤 상황이나 가족 행사를 앞두고 있을 때 자녀와 이야기를 나누기 전에 잠시 동안 생각해 보자. '가령 내 자녀에게서 일어날 수 있는 일에는 어떤 것이 있을까?'

그러고 나서 "우리 모두가 ……에 대해 함께 생각해 보기 위해서 '짤막한 회의'를 하자."라고 말하라. 이때 밝은 어조와 태도를 취하라.

설령 예기치 못한 상황이 발생하더라도 '너는 올바른 판단을 하고, 적절한 행동을 할 만한 능력이 있다.'는 점을 당신이 믿고 있다고 자녀에게 말해 주어라. 다음과 같은 질문을 해 보자.

- 자녀가 어떤 문젯거리를 일으킬 것 같은가?
- 그 문제를 당신은 어떻게 다룰 것인가?
- 만일 ……한다면?

자녀와 의견 일치를 보도록 유념하고 또 격려해 주어라. 그러한 예로 다음과 같은 것이 있다.

- "그러니까 우리는 ……하는 데 의견 일치를 본 것이지?"

- “그리고 만일 ……한 일이 일어나면, 너는 ……하게 되고, 엄마(아빠)는 ……하게 될 거야. 그렇지?”
- “좋은 생각이구나!”
- “그 의견이 마음에 드는구나.”
- “아빠(엄마)는 네가 즐겁게 시간을 보내고, 또 안전하게 지내고, 건강도 신경 쓰기를 바란단다.”

자녀와 회의 시간을 가진 다음에 서로 합의한 사항을 다음에 적어 보자.

- 합의한 사항

● 역자의 선물

■ 문제 예방적 대화하기 – 명절날 할아버지 댁에 간다

다음 문제를 풀어 보자.

> 당신은 명절(설날) 때 부모님 댁에 6세와 12세의 두 아들을 데리고 가서 하룻밤을 지내고 올 계획이다. 그곳에서 4~5명의 사촌 형제들과 함께 지낼 것이다.

이 문제를 가지고 자녀와 미리 가족회의를 해 보자. 이때 유념할 점은 단 한 번의 가족회의 시간에 여러 가지 문제점을 전부 다루지 않도록 해야 한다는 점이다.

첫 번째 가족 모임(약 15분)에서는 어떤 일들이 일어날 것인지에 대해 부모와 자녀들이 함께 예상해서 적어 보도록 하라. 이어서 두 번째, 세 번째, 네 번째 가족 모임에서는 약 15~20분씩 각각의 주제를 가지고 한 가지씩 논의하도록 하라. 그러고 나서 가족 모임의 끝맺음이 매번 즐거운 시간이 되도록 하라. 예를 들면 다음과 같은 것이 있다.

- 각자 챙길 소지품 목록 적어 보기
- 친척들과 인사하기
- 사촌들과 사이좋게 노는 방법과 안전 규칙 정하기
- 여행할 때 (자동차 안에서) 시간 보내기 및 유의 사항

• 귀가할 때 할머니, 할아버지, 친척들과 인사하기 및 챙겨야 할 소지품 확인하기

◈ 첫 번째 가족 모임에서 도출된 의견

1. 할아버지 댁에 많은 사촌들이 함께 모여 하룻밤을 지내면 무슨 일이 일어날 것 같은가?

- 좋은 점 ______________________________

____

- 신경 써야 하는 점 ______________________________

____

2. 각자 챙겨 가지고 갈 소지품에는 어떤 것들이 있는가?

- 부모 ______________________________

____

- 자녀 1 ______________________________

____

- 자녀 2 ______________________________

____

- 자녀 3 ______________________________

____

7주

상호 존경

내가 제작한 적극적인 부모 역할(Active Parenting) 프로그램의 비디오를 오프라(Oprah) 쇼에서 방영하기로 하자, 시청자들은 큰 관심과 기대를 보였다. 전문가로 초빙된 나는 시청자들이 어떤 반응을 보일까 하고 다소 긴장하였다.

드디어 어머니와 여섯 살(만 5세)짜리 아들이 소파에 앉아 책을 읽는 장면이 방영되었다. 어머니는 아들에게 무언가 질문을 하는데, 아들은 책 읽기에 몰두한 나머지 대답이 없다. 어머니는 화가 나서 소리친다. “내가 몇 번이나 똑같은 말을 반복해야겠니? 넌 엄마 말을 무시한단 말이야. 아주 예의가 없구나. 내가 물으면 대답을 해야지. 이 녀석, 알아들었니?”

그러고 나서 장면이 이어지는데 이번에는 아들이 어머니에게 무언가 질문을 한다. 이번에는 어머니가 독서에 몰두한 나머지 대답이 없다.

그러자 아들은 자리에서 벌떡 일어서더니 화난 목소리로 “엄마, 엄마도 나를 무시하고 함부로 대한단 말이에요. 내가 몇 번이나 똑같은 말을 반복해야 하나요? 내 말을 좀 들어 주세요. 알아들었나요? 아줌마!"라고 말하는 것이 아닌가! 이 장면에서 시청자들은 폭소를 터트렸고, 나는 안도의 한숨을 내쉬었다. 시청자들은 그 메시지의 뜻을 이해한 것이다.

다양하고 민주적인 현대사회에서 우리가 성공적인 삶을 살려면 존경의 태도가 필수적이다. 서로에 대한 존경심이 부족할 때 적대감과 원망이 싹튼다. 모든 부모는 자녀에게서 존경받기를 원하는데, 이는 당연한 욕구다.

작가인 버나드 맬러머드(Bernard Malamud)는 다음과 같이 말하였다.

"당신이 존경받고 싶다면, 당신이 먼저 존경을 보여 주어라."

달리 표현하자면, 자녀에게 존경심을 길러 주는 최선의 방법은, 부모가 자녀에게 존경심을 보여 주는 것이다. 그런데 그 비디오 장면에서 보여 준 것처럼, 자녀가 부모에게 함부로 말하고 부모 역시 자녀에게 함부로 말하는 경우가 많다. 자녀가 부모에게 무례하게 말할 경우에는 "나는 너에게 함부로 말하지 않는단다. 그러니 너도 나에게 그런 식으로 말해서는 안 돼!"라고 분명하게 일러 주도록 한다(만약 자녀가 계속해서 무례하게 말한다면, 이 문제를 지도하는 데 유용한 방법들이 많이 있다. 그것은 다음에 다루기로 한다).

● 활 동

과거로부터 배우기

우리의 부모가 우리에게 보여 준 강점과 약점(또는 장점과 단점)을 회상해 봄으로써, 우리는 많은 것을 배울 수 있다. 당신의 어린 시절을 회상해 보라. 그리고 부모님이 당신에게 보여 준 존경의 태도와 멸시의 태도에는 어떤 것들이 있는지 떠올려 보자.

- 당신의 어머니가 당신을 보고 대견해하고 존경을 보여 준 태도는 어떤 것인가?

___

___

___

- 당신의 어머니가 당신에게 함부로 대하고 멸시한 태도는 어떤 것인가?

___

___

___

- 당신의 아버지가 당신을 보고 대견해하고 존경을 보여 준 태도는 어떤 것인가?

- 당신의 아버지가 당신에게 함부로 대하고 멸시한 태도는 어떤 것인가?

- 당신이 자녀에게 함부로 대하고 멸시한 태도는 어떤 것인가?

당신이 자녀에게 불손하게 행동하지 않도록 미리 자신을 잘 조절하려면, 이번 주부터 자녀가 성인이라고 생각하라. 그리고 아이의 얼굴을 보고 성인의 모습을 상상해 보자. 당신이 어떤 사람(성인)을 대할 때 예의를 깍듯이 갖추고 대하듯이, 그와 똑같이 존경하는 태도로 자녀에게 말하라. 그리고 나서 다음의 빈칸에 적어 보자.

- 당신이 좀 더 예의를 깍듯이 갖추려고 노력하자, 과연 당신 자신의 태도에 어떤 변화가 나타났는지 알아차릴 수 있었는가?

- 그런 다음에 자녀가 당신을 대하는 태도에서 어떤 변화의 조짐이 나타난 것을 발견할 수 있었는가?

8주

보살핌을 제공하는 자로서 자기 자신을 보살피기

적극적인 부모의 역할을 하는 데는 많은 에너지가 소모된다. 몸을 에너지 물병에 비유해 보자. 그래서 에너지가 큰 유리병에 담겨 있다고 잠시 생각해 보자('그래, 그것은 큰 맥주잔을 의미하지.'라고 이해한다면, 당신은 이 장에서 많은 도움을 얻게 될 것이다).

당신은 하루 종일 직장 일과 배우자 뒤치다꺼리와 친구들과의 연락과 자녀들과 씨름하는 일로 에너지를 소모한다. 하루해가 저물 때쯤이면 가득 차 있던 그 물병의 물은 바닥이 나고 만다.

에너지를 다시 가득 채운다는 뜻은 보살핌을 제공하는 자로서 당신 자신을 보살피라는 뜻이다. 자기 자신을 돌보지 않으며, 자신의 욕구와 필요는 아예 무시하고 사는 부모는 자녀를 성심껏 돌보아 줄 수 있는 마음의 힘도, 육체의 힘도 남지 않게 된다.

물론 이와 정반대로 행동하는 부모들도 간혹 있다. 오로지 자신만 즐기고, 자기 건강을 돌보는 데만 시간을 다 쏟는 부모들도 있다. 그래서 마땅히 자녀들의 욕구와 필요를 채워 주어야 한다는 사실을 망각해 버린다. 그러므로 중요한 것은 균형 또는 중용(中庸)을 취하는 것이다.

당신의 물병을 매일 다시 채우기 위해서 무슨 일을 할 수 있을까? 다음의 다섯 가지 영역별로 생각해 보자.

- 건강 관리 충분한 휴식, 영양 공급, 운동
- 친구들과의 사교 생활 친구 모임, 동호회, 종교 단체 등의 모임
- 배우자와의 애정 생활 데이트하고 있는 사람이 있다면 데이트 상대와 함께하는 시간, 기혼자라면 배우자와 단둘이서 연애하던 시절처럼 스포츠, 예술, 관람회, 여행, 근사한 식사 시간과 대화 시간을 가지기
- 마음 관리 마음을 편안하게 이완하기, 야외 활동, 취미 활동
- 주변 정리 날마다 해야 할 일을 메모하기, 달력에 중요한 일정을 적어두기, 집안일을 나누어 정리하기

어느 정도의 자기 보살핌은 이기적인 행동이 아니다. 자기 보살핌은 사실상 당신 자신의 안녕과 가족의 안녕을 위해서 재충전하는 행위다. 그러므로 자녀를 일시적으로 보살펴 줄 수 있는 사람에게 아이들을 맡기고, 가끔씩 집을 떠나 부부만의 오붓하고 로맨틱한 시간을 가지도록 하라. 재충전을 하지 않고 부모 역할을 훌륭하게 오래도록 감당해 내기는 정말 힘들다.

● 활 동

자기 보살핌 일지를 기록하라

이번 주에는 자기 보살핌에 초점을 맞추어서 자신을 보살피는 방법을 생각해 보고, 다음 장에 창의적으로 적어 보자. 저녁 시간에 따뜻한 물로 목욕하고 숙면을 취하는 것도 건강 관리의 한 방법이 될 수 있다.

마음 관리의 한 방법으로는, 예컨대 옛날부터 당신이 취미로 그림을 그리고 싶어 했다면 바로 미술교실에 등록하는 것도 좋다.

주변 정리의 한 방법으로, 어수선한 베란다를 말끔하게 치워 보라. 이후에 얼마나 신선한 에너지가 솟아나는지를 경험하고서, 당신은 깜짝 놀랄 것이다. 당신에게 적합한 일이 무엇인지를 찾아보고 실험해 보라. 술은 적당히 마셔라. 여가 생활 역시 무계획적으로 갑자기 도망치듯 일주일간 하와이로 떠나는 것은 바람직하지 않다(그러나 정규적인 휴가 계획의 일정으로 일주일간 하와이 여행을 구상하는 것은 바람직하다).

이번 주에 당신이 한 일을 적어 보라. 그러고 나서 기분이 어떤지, 또 어떤 변화가 일어났는지를 평가해 보라.

- 건강 관리

당신이 한 일	평가(소감)

- 친구들과의 사교 생활

당신이 한 일	평가(소감)

- 배우자와의 애정 생활

당신이 한 일	평가(소감)

● 마음 관리

당신이 한 일	평가(소감)

● 주변 정리

당신이 한 일	평가(소감)

9주

잘할 때 칭찬해 주자

한 가지 간단한 실험을 해 보자. 당신은 지금 실내 온도가 몇 도인지 알고 있는가? 날씨가 너무 덥거나 너무 추울 때를 제외하고는 실내 온도에 대해서 별로 생각하지 않고 지냈을 것이다.

'우아! 날씨 참 좋네. 실내 온도가 계속해서 이 정도면 좋겠어.'라고 생각하면서 앉아 있는 경우는 드물다. 그런데 날씨가 너무 덥거나 너무 추우면, 그때는 민감하게 날씨를 알아차리게 된다.

부모가 자녀를 대하는 태도도 이와 똑같다. 자녀들이 얌전하게 행동하고 있으면, 부모는 눈여겨보지 않는다. 그런데 자녀가 엇나간 행동을 하면, 부모의 신경은 곤두선다. 너무 춥거나 더울 때만 날씨에 관심을 갖는 것은 상관없지만, 이런 원리를 자녀 지도에 적용하는 것은 문제가 된다.

유명한 정신과 의사인 드라이쿨스(Rudolf Dreikurs)는 다음과 같이 말하였다.

이는 자녀가 "너, 참 잘하고 있구나."라는 말을 평소에도 부모에게 항상 듣고 싶어 한다는 뜻이다. 그렇게 함으로써 자녀는 정신적으로 건강한 인간으로 성장한다.

"잘했어!" "훌륭해!" "계속 그렇게 해." "잘하고 있어." "고마워!" "좋은 생각이야." "네가 하는 방식이 정말 마음에 든다." "엄마(아빠)가 널 눈여겨봤거든." "계속 그대로 하면 돼." "네가 자랑스러워."

이러한 격려의 말은 정서적인 근육을 만들어 주고, 긍정적인 행동을 강화해 준다. 그리고 지적 능력까지 발달시켜 준다.

이번 주에는 자녀가 가지고 있는 여러 가지 긍정적인 것들을 찾아내도록 당신 자신을 훈련하자. 그리고 아이들을 지지해 주고 인정해 주는 방식으로 아이의 강점에 대해서 말해 주자.

● 활 동

자녀를 격려해 주자

이번 주에는 매일 하루에 적어도 세 번은 자녀들 한 명 한 명이 보여 준 긍정적인 행동을 찾아내 보자. 아이가 "고맙습니다!"라고 말할 때나, 성적을 올리려고 열심히 공부하는 행동 등을 찾아보라. 핵심은 진지하게 격려하는 것이다.

자녀가 보이는 태도와 행동을 바라보면서 그 점을 고맙게 여긴다고 알려주어라. 다음 빈칸에 자녀의 긍정적인 행동과 당신이 자녀에게 보낸 격려의 말을 적도록 하라. 그리고 나서 자녀가 어떤 반응을 보이는지 눈여겨보라.

	자녀의 긍정적인 행동	당신이 보낸 격려의 말과 태도	자녀의 반응
월			
화			
수			
목			
금			
토			
일			

10주

부모와 자녀가 서로 얼마나 알고 있는가

유능한 세일즈맨은 물건을 팔기 전에 고객과 긍정적인 관계를 형성하기 위하여 충분한 시간을 투자한다. 당신은 이러한 사실을 주시한 적이 있는가? 누구나 안면이 있고 자신에게 호감을 가지고 있는 세일즈맨에게서 상품을 구매하기 마련이다. 그 점을 세일즈맨은 잘 알고 있다.

부모의 역할도 이와 유사하다. 부모는 자녀에게 상품을 파는 대신에, 인생의 목적과 태도와 바람직한 행동을 판다고 할까? 상품을 '판다'고 하니까 '판다'는 말이 너무 쉽게 들릴 것이다. 그런데 "나는 판매 사원인데요, 내가 이 차를 사 달라고 말씀 드렸으니까 당신은 이 차를 사 주어야 해요."라고 강요하는 세일즈맨이 있다고 하자. 기분이 어떨까? 틀림없이 당신은 그 사람을 거부하고, 다른 세일즈맨에게 가서 차를 살 것이다.

이와 같은 원리로, 자녀들을 자기편으로 만드는 것이 부모가 자녀들에게 영향력을 행사할 수 있는 지름길이다. 그래서 부모가 자녀의 신상에 대하여 많이 알고 있을수록 자녀 양육은 그만큼 더 쉬워진다.

게다가 인간적으로 흥미를 보이는 행위 자체는 상대방에게 관심과 배려를 보여 준다는 의미로 전달된다. 그래서 상대방의 기분이 좋아지고, 대화의 문은 자연스럽게 열린다. 그것은 상대방이 좀 더 잘 알고 싶을 만큼 가치 있다는 의미이기도 하다. 그런 뉘앙스가 전달되면 사람들은 힘이 나고 기분이 좋아진다.

자녀가 한 행동에 대해서 따져 보고 싶은 충동이 일어나거든, 치과 의사의 자문을 들어 보는 것이 현명할 것이다. 왜냐하면, 치과 의사가 환자의 치아를 뽑으려고 할 때는 일단 치아와 관련이 없는 두어 가지 질문을 하고, 환자와 대화를 나누는 수법을 사용한 다음에 치아를 뽑기 때문이다.

● 적절한 시간을 찾아라

자녀가 좋아하는 게임에 열중해 있을 때, 부모가 강제로 그것을 중단시키고 이야기하자고 하면 자녀는 응하지 않을 것이다. 차라리 잠자리에 들기 전의 짧은 시간이 대화하기에 더 유리하다. 아이들은 부모와 이야기하느라고 조금 더 늦은 시간에 잠자리에 드는 것은 좋아할 테니까.

● 격려하라

격려할 수 없는 경우에는 최소한 비판적인 태도만은 삼가도록 한다. 만일 자녀가 당신의 눈치를 보면서 당신 마음을 부정적으로 해석하고 있다면, 자녀와의 대화는 일단 중단하는 것이 좋다.

열린(개방형) 질문을 하라

상대방 쪽에서 "예" 또는 "아니요"로 대답하도록 하는 질문은 닫힌(폐쇄형) 질문이다. 닫힌 질문을 하면 질문을 받은 사람은 단답형으로 대답하기 마련이다. '어떤' '무슨'과 같은 말로 질문하여 상대방이 자신의 경험과 생각, 감정을 표현하게 하는 것이 열린 질문이다.

● 활 동

자녀에 대해 더 많이 알아 가기

이 면담 활동은 자녀에 대해서 얼마나 잘 알고 있는가를 가늠하게 해 줄 것이다. 또한 장차 자녀를 좀 더 잘 이해할 수 있게 도와줄 것이다.

먼저 다음의 면접용 질문지에 자녀가 어떻게 답할 것인지를 추측해서 써 보라. 자녀의 입장이 되어서 대답해 보는 것이다. 그 뒤에 적절한 시간을 내서 다음의 내용을 자녀에게 그대로 질문해 보고, 아이가 대답한 것을 적어 보라. 그러고 나서 차후에 당신이 짐작해서 적은 대답과 자녀의 대답을 비교해 보라. 당신의 추측 점수는 몇 점이나 될까?

이 활동은 너무 심각하게 생각하지 말고, 재미 삼아 해 보기 바란다. 그러면 당신과 자녀가 이 면담 활동에 대해서 훨씬 더 좋은 느낌을 갖게 될 것이다. 자녀가 한 명 이상인 경우에는 아이별로 각각 한 명씩 면담하라. 만일 당신이 8명의 자녀를 둔 이웃집 사람과 사이가 좋다면, 8명의 아이 각각에 대해서 '나는 어떤 생각을 하고 있었지?'라고 자문해 볼 수도 있다.

자녀 이름(　　) 나이(　　) 성별(　　)	자녀에 대한 나의 추측	자녀가 실제로 대답한 말
1. 가장 좋아하는 영화는? 그 이유는?		
2. 가장 좋아하는 TV 프로그램은? 그 이유는?		
3. 가장 좋아하는 음식은?		
4. 가장 좋아하는 아이스크림은?		
5. 만일 인기가 많은 일류 스타가 된다면 누구처럼 되고 싶니? 그 이유는?		
6. 만일 10억이 생긴다면 가장 먼저 무엇을 사고 싶니?		
7. 친구와 일주일간 함께 시간을 보내게 된다면 어떤 친구와 같이 보내고 싶니?		
8. 어떤 유형의 사람을 좋아하니?		
9. 그런 유형의 사람은 너의 어떤 면을 좋아하니?		
10. 해결하고 싶은 문제 중에서 한 가지만 말해 줄 수 있니?		

■ 인터뷰 게임: 부모가 자녀에게 관심 가지고 질문하기

1. 당신이 기자(reporter)가 되어 유명 인사를 인터뷰한다는 생각을 가지고 임하라. 자녀에게 어떤 질문을 하면 유쾌한 대화 시간이 될 것인지를 미리 생각해 보고 난 다음에 계획하라. 그리고 아이가 대답하기에 즐겁고 자부심을 느낄 만한 질문거리를 만들어 보라.

- "지금까지 친구들과 함께 지내면서 친구들이 너를 좋아하고 부러워한 것은 어떤 것이 있니?"
- "학교에서 선생님들과 친구들을 웃게 한 행동이 있니? 혹시 실수한 적도 있니? 가령 조용한 공부 시간에 갑자기 '뽀옹~' 하고 방귀를 뀌었다든지……."

2. 가능한 한 닫힌 질문보다는 열린 질문을 사용하라.

● 닫힌(폐쇄형) 질문의 예

- "오늘 학교생활이 재미있었니?" (답은 "네" 또는 "아니요")

● 열린(개방형) 질문의 예

- "오늘 학교에서 재미있었던 일은 무엇이었니?"
- "너는 외계인은 어떻게 생겼고, 어떤 능력이 있다고 생각하니?"

- "너는 커서 어떤 일을 하며 살고 싶니?"
- "너는 학교 선생님들 중에서 누구를 좋아하니? 그리고 왜 좋아하니?"

3. 적절한 자기 공개도 곁들이도록 하라. 다음은 그 예다.

- "아빠는 어려서 10리 길을 걸어 초등학교를 다녔단다. 같은 마을 학생들이 함께 모여 4km를 가다가 개울물이 나오면 하굣길에 모두 미역을 감았지. 그리고 반쯤 익은 보리 이삭을 몰래 베어서 불을 지펴 익혀 먹으면 얼마나 고소했는지 모른단다. 그건 해서는 안 되는 일인데 말이야. 그때는 그랬지."

자녀의 생활에 대해 질문할 때는……

- 대화하기에 적절한 시간을 찾아라.
- 격려하라.
- 열린(개방형) 질문을 하라.

11주

누가 문제의식을 느끼는가

3주에서 자녀 지도상의 문제점이 발생하면 그때야말로 자녀에게 인격적 품성과 성공적으로 살아가는 기술을 가르쳐 줄 수 있는 무척 좋은 기회라고 강조하였다.

이제는 그런 문제점을 해결해 나가는 방법에 대해서 다루어 보자. 첫 번째 단계는 그 문제를 다룰 책임을 누가 지는가에 대한 것이다. 즉, 당신이 책임을 질 것인가, 또는 아이가 책임을 질 것인가를 결정하는 것이다.

그러므로 누가 그 문제점에 대한 책임의식을 느끼는지를 알아보는 것이 중요하다. 첫째, 부모가 문제의식을 느낄 때, 즉 부모가 문제를 소유할 때는 훈육 내지 자녀 지도법을 사용하여 풀어 나가야 한다. 둘째, 자녀가 문제의식을 느낄 때, 즉 자녀가 문제를 소유할 때는 대화(의사소통)와 지지의 기술로써 풀어 나가야 한다. 셋째, 이것은 마지막 단계로서 그 문제를 부모가 자녀에게 넘겨주는 것을 목적으로 삼아야 한다.

이 말은 부모와 자녀가 문제를 '공유'한다는 뜻이다. 다시 말해서, 누가 문제의식을 느끼며, 그 문제를 다룰 책임을 누가 떠맡아야 하는지에 대하여 확실하게 결정할 수 없는 경우가 있다. 이때는 부모가 훈육과 지지를 동시에 사용해야 한다.

- 누가 문제의식을 느끼는가?
- 누가 문제를 소유하며, 누구에게 그 문제를 다루는 책임이 지워져야 하는가?

여기에는 세 가지 힌트가 있다.

- 누구의 욕구와 삶의 목적이 방해받고 있는가?
- 누가 그 문제 때문에 가장 불편해하는가?
- 그 문제가 건강, 안전, 가족의 가치관과 관련이 있는가?

다음의 사례를 생각해 보자.

문제점	누가 문제의식을 느끼는가? 그 이유는?
자녀가 식당에서 소란을 피우고 있다.	부모다. 부모와 다른 사람들이 불편해하기 때문이다.

자녀는 친구의 생일 파티에 초대받지 못했기 때문에 화가 나 있다.	자녀다. 초대받고 싶은 것은 아이의 중요한 심리적 욕구요, 생활 목표인데, 그것이 좌절되어 아이는 지금 화가 난 상태다.
자녀가 수업 시간에 항상 숙제를 제출하지 않는다.	부모다. 자녀가 학교를 무사히 졸업하고, 독립적인 성인이 되는 것이 부모의 바람이기 때문이다. 자녀가 일생 동안 무위도식하며 사는 것을 원하는 부모는 없을 테니까. 그러나 자녀 역시 책임감 있게 살아야 한다. 그러므로 부모와 자녀가 문제를 공유한다.

● 활 동

문제의식을 느끼고, 책임을 져야 하는 사람은 누구인지 결정하기

먼저 다음 장에 제시된 세 가지 사례에서 누가 문제를 소유하는가를 찾아보자.

아침 식사용 시리얼 상자의 뒷면에 퀴즈가 나와 있는데, 그에 대한 해답은 시리얼 상자를 뒤집어 보면 밑바닥에 적혀 있다. 시리얼 퀴즈에 대한 해답이 상자 아래에 적혀 있지 않다면 제조회사의 서비스 담당 직원에게 전화하라. 그리고 그 시리얼 상자에 '꿀-호두 시리얼'이라고 적혀 있는데, 실제로는 설탕이 더 많이 첨가되어 있다면, 왜 '설탕-호두 시리얼'이라고 명기하지 않았느냐고 항의하라.

그렇지 않은가? 여기서도 해답은 그와 비슷한 방식으로 처리되었다. 다음 문제의 해답은 이 책의 '문제 풀이'(p. 307)에 나와 있다.

문제점	누가 문제의식을 느끼는가? 그 이유는?
자녀가 거실 유리창에 공 던지기를 하고 있다.	
자녀가 수업 중에 잡담을 했기 때문에 벌점으로 두 배의 과제물이 주어졌다.	
자녀가 아침에 욕실을 사용한 뒤에 전등불을 끄지 않고 나오는 습관이 있다.	

이제는 가정에서 항상 일어나는 문젯거리 중에 세 가지를 골라 적어 보라. 그리고 누가 그 문제를 소유하는지 분석해 보자. 적어도 한 가지는 부모에게 문제의식과 책임감이 있는 사례를, 다른 한 가지는 자녀에게 문제의식과 책임감이 있는 사례를 찾아보도록 하자.

문제점	누가 문제의식을 느끼는가? 그 이유는?

● 역자의 선물

■ 문제 다루기 모형 1

각각의 상황에서 누가 문제의식을 느끼는가?

※ 해답은 이 책의 '문제 풀이'(p. 307)에 나와 있음.

■ 문제 다루기 모형 2

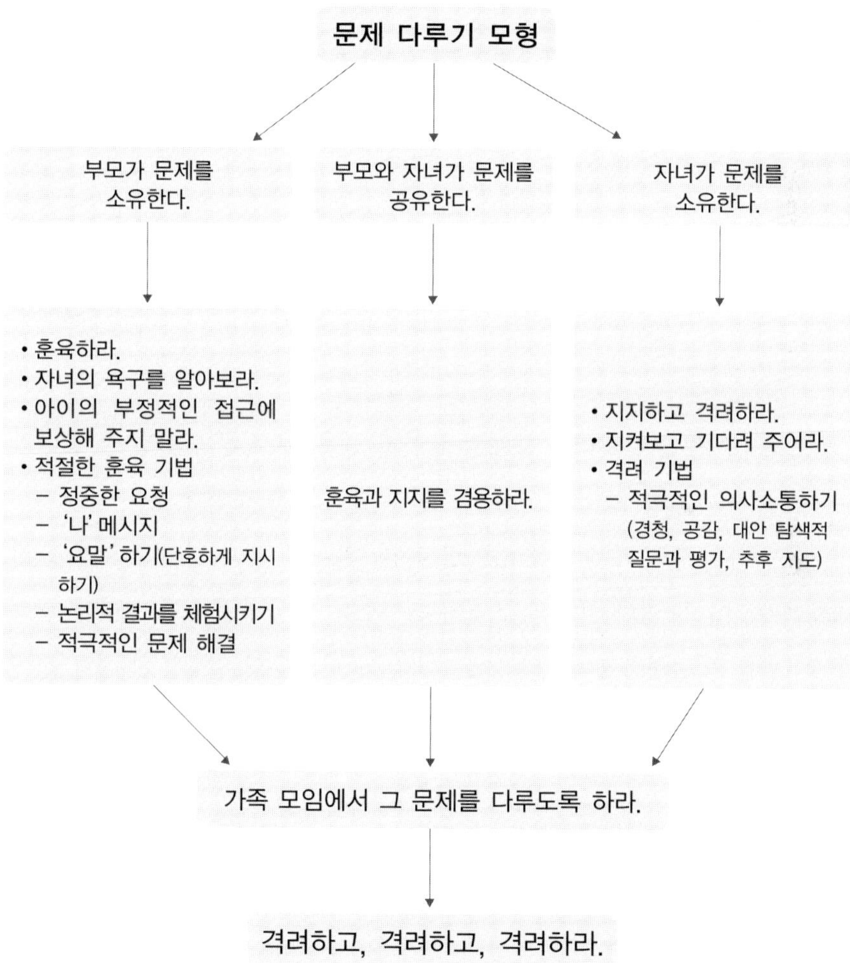

출처: 홍경자 외 공역(2007). 부모코칭 프로그램: 적극적인 부모역할. Now! 학지사. p. 47.

12주

의사소통의 걸림돌

앞으로 4주 동안은 자녀가 문제점을 안고 있을 때 그 문제를 잘 풀어 나가도록 도와주는 기술, 즉 부모의 의사소통 기술을 다룰 것이다.

부모가 자녀에게 어떤 말을 하기만 하면, 부모와 자녀 간의 관계가 점점 악화되는 경우가 있다.이것은 분명히 의사소통 방식에 문제가 있다는 신호다. 이 점을 유념해야 한다. 다음에 소개된 의사소통의 걸림돌에 대한 정의(定義)를 읽어 보자.

만일 당신이 자녀 앞에서 폭발하면, 자녀는 대법관 앞에서 심문받는 회사 사장보다 더 굳어진 표정으로 입을 다물고 말 것이다. 즉, 의사소통의 걸림돌(communication block)이란 화자(話者)가 이야기를 듣는 사람(청자)의 입을 다물게 만드는, 불쾌한 어감의 말이나 어조나 신체언어를 표현하는 것을 말한다. 다시 말해서, 상대방과의 진정한 소통을 방해하는 언어적 반응 내지

명령하기	"네가 해야 할 일은 ……야. 알겠니?"
충고하기	"그럴 땐 이렇게 하거라."
회유하기(달래기)	"모든 게 잘될 거야. 두고 봐."
심문하기	"네가 그 애한테 어떻게 했기에 그렇게 되었니?"
관심 돌리기	"그 일은 걱정하지 말아라. 이리 와서 이거나 해 봐."
심리 분석하기	"너 벌써부터 엄살을 부리는구나. 그러면 매를 피할 것으로 생각했지? 내가 다 안다."
비판하기	"그 일을 한 것은 미련한 짓이었어."
빈정대기	"글쎄, 갈 데까지 갔구나, 잘하는 짓이다."
도덕적 판단하기	"너는 마땅히 ……해야만 해."
도사 노릇하기	"내가 이런 일은 수백 번도 더 보아 왔거든. 그러니까 내가 가르쳐 줄게." "그건 식은 죽 먹기보다 쉽단다. 사람들은 ……하거든."

의사소통의 방해물이라고 할 수 있다.

이러한 의사소통의 걸림돌을 사용하지 않도록 주의하라. 앞에 열거한 것들은 의사소통을 방해하는 몇 가지 예에 불과하다. 심지어 어떤 부모는 "나는 의사소통을 가로막는 일에 천재라니까요. 한꺼번에 두세 가지 걸림돌을 사용하니까요."라고 말했다.

요컨대, 우리 모두는 의사소통을 방해하는 걸림돌을 사용하고 있다. 그러므로 자신은 특히 어떤 걸림돌을 많이 사용하는지를 알아보고, 다음부터는 그것을 사용하지 않도록 유념해야 한다.

부모는 자녀의 문제해결을 도와주기 위해서 좋은 의도를 가지고 의사소통의 걸림돌을 사용하기 마련이다. 그러나 그런 부모의 의도와는 정반대로 의사소통의 걸림돌을 사용하게 되면, 부모가 자기를 믿어 주지 않는다는 뜻으로 자녀에게 전달된다. 즉, 자녀는 스스로 해결책을 찾을 수 없다는 식으로 부모가 자신을 보고 있다고 생각한다. 그 결과, 자녀는 입을 굳게 다물고 부모와는 아예 상의조차 하려 하지 않게 된다. 그래서 결국 부모가 자녀에게 진정한 도움을 줄 기회를 놓치게 된다.

● 활 동

의사소통을 가로막고 있는 스스로를 발견하기

앞에 제시한 의사소통의 걸림돌을 다시 한 번 살펴보고, 그중에서 당신이 가장 많이 사용하는 것 세 가지를 찾아보자. 그리고 다음 장의 빈칸에 적고, 당신이 자녀에게 그런 걸림돌을 사용할 때 어떤 상호작용이 일어나는지 살펴보자. 그다음에는 당신이 과연 어떤 부정적인 메시지를 보냈기에 자녀가 입을 굳게 다물어 버린 채 당신과는 아예 이야기하려 하지 않는지 알아보자.

의사소통의 걸림돌	내가 한 말	나의 좋은 의도	실제로 자녀에게 전달되는 (부정적인) 메시지
예) 충고하기	"얘, 이렇게 해 보렴."	'자녀를 도와주고 싶은데…….'	'너는 아직은 이 문제를 해결할 만한 능력이 없어.'

이번 주간에는 자녀와 이야기할 때 주로 어떤 걸림돌을 사용하는지 먼저 살펴보는 시간을 가져 보자. 자녀와 대치하는 상황을 적어 보고, 하마터면 그런 걸림돌을 사용할 뻔했던(또는 사용한) 것을 적어 보라. 그리고 다행히 걸림돌을 사용하지 않았다면, 어떻게 다른 말로 멋진 대화를 했는지 적어 보자.

상 황	자칫 사용할 뻔한(또는 사용한) 의사소통의 걸림돌	의사소통의 걸림돌 대신에 멋지게 대화한 내용

● 역자의 선물

■ 의사소통의 걸림돌을 사용한 어머니

출처: 홍경자(2007). **대인관계 심리학**. 학지사. p. 207.

13주

적극적으로 경청하라

언젠가 공항 로비에서 유명한 농구 선수와 이야기를 나눈 적이 있다. 우리는 마주 선 채로 가볍게 대화를 나누었다. 주로 그 선수의 경력에 대해서 이야기하였다. 그는 대화하는 도중에 행여나 자신을 알아보고 반갑게 말을 걸어오는 팬이 있지 않을까 하는 태도로 끊임없이 두리번거렸다. 그가 나와의 대화에 집중하지 않고 주의가 산만한 모습을 보이자, 나는 그에게 별 볼일 없는 사람처럼 느껴졌다(진실을 말하자면 그가 발놀림이 뛰어난 선수라는 사실은 나와는 아무런 상관이 없는 일이다. 그러나 자신을 드러내 보이고자 하는 그의 마음은 어찌할 도리가 없었다).

자녀가 부모를 믿고 자신의 고민을 이야기할 경우(자녀가 문제해결에 대한 책임이 있는 경우), 부모는 주의를 분산하지 않고 잘 경청해 주어야 한다. 다시 말해서, 부모는 눈과 귀와 모든 감각을 동원하여 자녀의 이야기를 잘 들어 줄 필요가 있다.

우리가 고민거리를 토로할 때 우리의 이야기를 무척 잘 들어 주는 사람이 있는가 하면, 이와는 반대인 사람도 있다. 공항에서 만난 그 농구 선수처럼 대화할 때 상대방에게 집중하지 않아 상대방의 신경호르몬을 과다 자극하여 불쾌하게 하는 사람이 있는 것이다.

자녀의 이야기를 적극적으로 경청해 준다는 것은, 아이가 말한 내용에 대하여 깊이 생각해 보고, 그 말 뒤에 숨은 감정과 메시지를 직관적으로 느껴 본다는 뜻이다. 그것은 전적으로 자녀에게 주의를 집중하고, 당신의 말은 최대한 자제하면서 아이의 문제에 초점을 맞추어서 그의 말뜻을 인정해 준다는 의미다.

그리고 명료화를 위한 질문을 하고, "응" "그래" "알겠어"와 같은 간단한 격려의 반응을 보이며, 또 자녀가 이야기한 내용을 요약해 주는 것이다.

물론 의사소통의 걸림돌을 사용하지 않는 것도 포함된다(이미 알고 있듯이). 그러면 자녀는 부모가 진실로 자신의 이야기를 잘 들어 주고 신경을 써 준다고 느끼게 된다. 그런 사실 하나만으로도 자녀에게는 격려가 되며, 부모는 자녀가 문제를 해결하도록 도와주는 방향으로 인도할 수 있다.

다음 주부터는 자녀가 성공적인 문제해결자가 되도록 도와주는 단계, 즉 적극적인 의사소통 과정에 대해서 다루어 볼 것이다.

● 활 동

너는 오늘 학교에서 정말로 어떻게 시간을 보냈니?

우리가 아이들에게 "오늘 학교에서 어떻게 시간을 보냈니?"라고 곧잘 질문하면, 아이들은 으레 "별일 없었어요."라고 대답한다. 물론 이 말은 '특별한 일은 없었어요.'라는 뜻이거나 '엄마에게 들려주고 싶은 이야기가 없어요.'라는 의미다.

이번 주 활동은 적극적인 경청을 하여(의사소통의 걸림돌 사용을 피하면서), 자녀의 저항을 줄이고, 학교에서 일어난 일에 대해서 짤막한 대화를 나눌 수 있도록 하는 것이다.

만약 자녀가 휴일에 학교를 쉬거나 아파서 학교를 가지 않을 경우에 "오늘 무슨 일을 하고 지냈니?"라고 간단히 물어볼 수 있다. 먼저 자녀에게 "너 시간 좀 있니?"라고 물어보고 나서 대화를 시작하라. 예를 들면, "나하고 5분만 이야기할 수 있겠니?"라고 묻든지, 또는 식당에서 음식을 기다리는 동안이나 잠자리에 들기 전과 같이 시간적인 여유가 있는 때를 선택하라. 즉, 자녀가 불응할 소지가 적은 때를 선택하라.

부모가 자녀의 이야기를 듣는 것이 정말 흥미롭다는 것을 보여 주고, 자녀가 부모와 자신의 이야기를 나누도록 부드럽게 격려하라. 예를 들면, "엄마는 정말 궁금하구나. 오늘 배운 사회 과목의 내용은 무엇이니?"와 같이 말하라.

자녀와 이야기를 나눈 후에 다음의 질문에 답하라.

- 자녀와 이야기를 나눈 것 중에서 어떤 점이 좋았는가?

- 자녀가 처음에 말을 잘 하려고 하지 않을 때 저항을 어떻게 다루었는가?

- 다음번에는 어떤 식으로 달리 대화를 시작해 볼 것인가?

● 역자의 선물

■ 마이동풍(馬耳東風)

출처: 홍경자(2007). **대인관계의 심리학**. 학지사. p. 141.

■ 적극적으로 경청하기

출처: 홍경자(2007). **대인관계의 심리학**. 학지사. p. 141.

■ 부모와 자녀 간에 대화하며 사는 가정

평소에 자신의 생각과 생활에 대해서 부모님께 이야기하는 습관을 가진 자녀가 성인이 되었을 때 어떤 삶을 살게 될까?

● 부자간에 주고받은 대화의 예

아들: 아빠, 제 친구 민수 있잖아요? 민수가 오늘 ○○라고 썰렁한 말을 해서 사람들을 웃겼다니까요.

아빠: 응, 그랬니? ○○라는 말이 무슨 뜻이니?

아들: 그건 ……라는 은어예요.

아빠: 아빠는 오늘 말이지, 아침부터 고객이 한꺼번에 5~6명씩 들이닥쳐서 저녁때까지 숨 쉴 틈도 없었단다. 눈이 12개는 있어야 했지. 너 아빠 눈 좀 자세히 봐라. 외계인처럼 눈이 1cm는 튀어나오지 않았니?

이와 같은 방식으로 대화하며 자란 아들은 장성해서 이렇게 살게 될 것이다. ○, ×, △로 표시해 보자. 그리고 그 이유를 생각해 보자.

1	떠버리가 되어 친구들에게 따돌림을 당하게 될 것이다.	
2	너무 경박하다며 직장 상사에게 신임을 얻지 못해 승진이 늦어질 것이다.	
3	잔소리가 많다고 하여 아내에게 이혼당할 것이다.	
4	직장 생활에서 동료와 상사 간에 좋은 관계를 유지할 것이다.	
5	자녀를 키울 때 독 재적으로 행동하고, 자녀를 억압할 것이다.	

6	사회생활의 상식과 정보가 풍부하여 좋은 리더가 될 것이다.	
7	'모지리' 라는 별명을 얻게 되고, 사람들에게 이용당할 것이다.	
8	아내와 오순도순하게 행복하게 살 것이다.	
9	친구같이 다정하고, 의지할 수 있는 아빠가 될 것이다.	

※ 해답은 이 책의 '문제 풀이'(p. 307)에 나와 있음.

14주

말의 내용에 반응하기보다 말속에 담긴 감정에 반응하라

부모는 자녀들에게 문제가 발생하면 다른 사람을 탓하거나 변명하기보다 문제해결자가 되도록 방법을 가르쳐 주어야 한다.

이를 위한 첫 번째 단계는 적극적으로 경청하는 것이다. 그리고 두 번째 단계는 부모가 자녀들에게 신경을 쓰고 있고, 자녀들이 어떤 감정을 느끼는지에 관심을 쏟고 있다는 것을 말해 주는 것이다.

왜 이것이 중요한가? (그것은 내가 이 분야의 전문가로서 한 말이기 때문이다. 다시 말해서, 내가 전문가니까 당신은 무조건 내 말을 잘 들어야 한다. 물론 이것은 우스갯소리로 하는 말이다.)

그런데 방금 내가 말한 것과 같은 방식으로 자녀에게 말을 하거나, 그런 강압적인 방식으로 자녀를 지도하면, 자녀들은 무소와 같이 난폭한 태도로 나올 것이다(무소가 결코 양순하게 길들여지지 않는 것은 4주에서 다룬 '힘겨루기' 의 내용과 유사하다. 만약 자녀가 무소처럼 행동한다면, 이 책은 당신에게 무척 적절한 안내서가 될 것이다).

부모가 먼저 자녀의 감정을 존중해 주어야 자녀도 부모의 생각을 존중해 주지 않겠는가? 그렇게 될 때 부모는 자녀들에게 감화를 주고 영향력을 미치는 존재가 될 수 있다.

그래서 이런 격언이 있다. "자녀들은 부모가 자신에게 신경을 써 준다는 것을 알고 난 다음에야 부모가 얼마나 많이 알고 있는지에 대해서 관심을 가지게 된다."

다시 말해서, 부모가 자녀에게 무관심하면, 자녀들은 부모에 대해서 전혀 관심을 갖지 않는다. 요점은 "엄마(아빠)는 너를 위해 신경 쓴단다."라는 단순한 말만으로는 자녀들이 엄마(아빠)의 깊은 사랑을 느낄 수 없다는 뜻이다.

그러므로 자녀가 말할 때 마음을 헤아려 주고 공감해 주는 행동을 부모가 몸소 보여 주어야 한다. 그 방법은 자녀의 이야기를 듣고 그 내용에 반응하기보다는, 자녀가 느끼는 감정을 파악해서 반응해 주는 것이다. 이것을 심리학적으로는 '감정이입(感情移入)' 또는 '공감(共感)'이라고 한다. 자녀가 느끼는 감정을 알아채고, 그 감정을 자녀에게 다시 풀어서 말해 줄 때, 자녀는 자신이 느끼는 감정이 매우 중요하다는 것을 알게 된다(예: "너는 무척 화난 것 같구나. 그래, 몹시 속상했구나. 정말로 실망했지?").

자녀가 느끼는 감정을 부모가 잘 읽어 주면 놀랄 만한 일이 일어난다. 자녀는 고개를 끄덕이게 되고, 드디어 부모에게 자신의 속마음을 털어놓기 시작한다. 설령 부모가 자녀의 감정을 정확하게 읽어 주지 못하더라도, 자녀는 "엄마, 그게 아니고요, 제가 느끼는 것은 ……라고요."라는 방식으로 부모의 말을 정정해 줄 것이다. 아무튼 부모와 자녀 간의 의사소통은 고양된다. 게다가 자녀들이 느낀 감정을 부모가 말로써 공감해 주면, 자녀들이 부정적인 감정을 느낄 때 반항과 엇나간 행동으로 표현하지 않게 된다. 따라서 자녀가 느끼는 부정적인 감정을 말로써 표현하도록 격려하고 지도하는 것이 중요하다.

● 활 동

공감해 주기

뛰어난 리포터(reporter)는 누가(who), 무엇을(what), 어디서(where), 언제(when), 왜(why)와 같이 'W'로 시작하는 질문을 곧잘 사용한다.

그것도 훌륭한 질문법이다. 그러나 부모들은 '어떻게(how)'라는 말로써 질문하는 것이 필요하다. '내 아이가 그것에 대해서 어떻게 느낄까?'

만약 당신이 퓰리처(Pulizer) 상을 수상한 리포터라면 '어떻게'라는 말로 시작하는 질문을 하기가 어려울 것이다. 물론 'W'로 시작하는 질문도 좋다.

무엇보다도 당신이 말할 때는 자녀가 어떤 감정을 느낄지를 미루어 생각해 보고, 감정 단어를 사용하여 자녀의 마음을 대변해 주듯이 반응하는 것이 중요하다.

즉, '공감적으로 이해(empathic understanding)' 하고 있음을 알려 주는 것이다(예: "난 네가 이런 감정을 느낄 것 같구나."라고 말할 수 있다면 금상첨화다. 그러나 나는 그 이상의 말은 자제하겠다). 자녀와 오랫동안 대화하는 기술은 차후에 다루기로 한다. 이번 주에는 자녀가 어떤 감정을 느끼는지를 알아차리고, 그것을 반영(reflect)해 주는 시간을 가지도록 하라. 자녀가 느끼는 감정에 대해서 반영해 줄 때는 잠정적인 형태로 표현하는 것이 좋다.

- "너는 ……한 감정을 느끼는 것 같은데?"
- "혹시 네가 ……처럼 느끼는 것은 아니니?"

이런 식으로 말하게 되면 설령 부모가 자녀의 마음을 제대로 읽어 주지 못하더라도 자녀가 "아빠(엄마), 그게 아니고 난 ……해요."라고 부모의 말을 곧잘 정정해 줄 것이다.

당신이 사용한 감정 단어와 그런 감정 단어가 들어간 문장을 다음 빈칸에 적어 보자. 그리고 자녀가 어떤 반응을 보일 것 같은지 적어 보자.

감정 단어	당신이 한 말	자녀의 반응

■ 의사소통의 걸림돌 대 공감해 주기

■ 의사소통의 걸림돌의 예

■ 공감해 주기의 예

출처: 홍경자(2007). **의사소통의 심리학**. 학지사. p. 44, 144.

■ 공감 기술

자녀의 표정에서 감정을 알아차려 자녀의 마음을 읽어 주는 것, 즉 자녀가 느끼는 감정을 부모가 미루어 짐작하여 그것을 말로써 표현해 주는 것이 '공감해 주기' 기술이다. 이것은 일차적으로 감정 단어(형용사)를 사용하여 "너 ……하다고 느끼는구나."라고 표현하는 것이다. 로저스는 이것을 '느낌의 반영(reflection of feeling)'이라고 말하였다.

그러나 좀 더 정확한 공감은 자녀가 처한 상황과 그때 느끼는 감정을 연결시켜 주는 형식으로 표현될 수 있다. 즉, "너는 ……해서 ……한 느낌이었겠구나."라는 식으로 요약해 주거나 재진술해 주는 것이다. 또 공감은 자녀가 말로는 확실하게 표현하지 않았지만 마음속에 품고 있는 핵심 감정이나 진실한 욕구를 부모가 헤아려 보고 그 마음을 읽어 주는 형태로도 표현될 수 있다.

예를 들어, 자녀가 "엄마, 이번 시험은 망했어요."라고 말할 때 어머니는 "저런, 너 시험을 망쳐서 몹시 속상했구나."라고 재진술해 줄 수 있다. 그리고 이어서 "너는 공부를 잘하고 싶고, 장차 실력 있는 사람으로 인정받고 싶은 거지? 그런데 성적이 네 뜻대로 안 나와서 몹시 실망했구나."라며 한층 깊은 공감, 즉 핵심 감정과 욕구까지 읽어 줄 수 있다. 부모는 자녀의 감정을 다음과 같이 공감해 줄 수 있다.

- "네 말을 들어 보니 정말 화가 난 것 같구나."
- "정말 속이 많이 상했구나."
- "그래, 몹시 실망스러웠겠다. 그렇지?"
- "너는 공부를 잘해서 실력 있는 사람으로 인정받고 싶지?"

감정 읽기 연습

다음 얼굴 표정을 보고 '보기'에서 어떤 감정인지 알아맞혀 보자. 감정 단어는 대개 형용사로 표현된다. 그리고 다음의 빈칸에 자기 나름대로 얼굴 표정을 그려 보자.

보 기

a) 깜짝 놀란(겁이 나는)	b) 화가 난	c) 슬픈
d) 속이 상한(실망한)	e) 즐거운(신 나는)	f) 자랑스러운

● 얼굴 표정

1

2

3

4

※ 해답은 이 책의 '문제 풀이'(p. 307)에 나와 있음.

■ 의사소통의 걸림돌을 찾아내고 수정하기

보 기

명령하기, 충고하기, 회유하기, 심문하기, 관심 돌리기, 심리 분석하기, 빈정대기, 해결사 노릇 하기, 도덕적 판단하기, 탓하기, 욕설하기, 위협적인 말과 폭력 행사하기

- '보기' 에서 제시된 의사소통의 걸림돌 중에서 알맞은 것을 찾아 다음 빈칸에 적어 보자.

아들: 아유, 속상해서 미치겠어요.

엄마: 무슨 일이 있니?

아들: 이번 주에 시험 본 영어와 수학 성적이 형편없어요. 정말 속상해요.

엄마: 공부는 안 하고 잠만 잘 때부터 알아봤다. 잘했다, 잘했어.
( )

아들: (고개를 떨구고) 엄마, 정말 죄송해요.

엄마: 아이고, 내 팔자야. 너 때문에 내가 제명에 못 죽는다. 네가 우리 집을 망쳐 놓는다니까. ( ) 죄송하다고 말하면 봐줄 것 같니? 어림도 없다. ( )

아들: (원망스러운 눈초리로) 그래요, 나 때문에 이 집이 망해요. 그럼 나만 없으면 되겠네요. 제가 당장 집을 나갈 테니까 앞으로 절대로 저를 찾지 마세요. 난 있으나 마나 한 자식이니까요.

엄마: 아니, 이 녀석이! 애써 키워 놓으니까 어디서 말끝마다 말대꾸냐? 불효막심하구나. (   ) 또 말대꾸하면 가만두나 봐라. (   )

아들: (문을 쾅 닫고 자기 방으로 들어간다.)

이 모자간의 대화를 효과적인 대화 방식으로 바꾸어 보면 다음과 같다.

아들: 아유, 속상해서 미치겠어요.

엄마: 무슨 일이 있니? (사건을 알아보기)

아들: 이번 주에 시험 본 영어와 수학 성적이 형편없어요. 정말 속상해요.

엄마: 영어와 수학 시험을 망쳤구나. 그래서 정말 속상하구나……. (앵무새 노릇 하기 또는 재진술하기)

아들: 네, 정말 속상해요.

엄마: 그래, 시험 성적이 안 좋으니 몹시 속상하고 괴롭겠구나. (공감하기)

아들: 네, 엄마! 아무리 공부해도 성적이 안 오르니까 저는 공부하고는 잘 안 맞는 것 같아요. 그렇다고 달리 잘하는 것도 없는 것 같고요.

엄마: 그러니까 너는 공부 쪽으로는 적성이 아닌 것 같은데, 또 다른 특기도 잘 모르겠다는 말이지? (요약해 주기) 내가 네 마음을 제대로 이해한 것 같니? (자신의 지각을 확인해 보기)

아들: 네, 휴…… 그래요. 엄마를 실망시켜 죄송해요.

엄마: 그래, 엄마도 속상하단다. (엄마의 감정 표현하기) 우리 시간을 두고

너의 적성이 어느 분야인지 찾아보자. 그리고 성적을 올리는 요령도 함께 찾아보자. 그러면 성적도 조금씩 올라갈 거야. 그럼 되겠지?(격려하기)

■ 자녀의 마음을 읽어 주고 문제해결적인 대화로 이끌어 가기

다음 모녀간의 대화를 읽어 보고, 어머니가 사용한 의사소통의 걸림돌은 무엇인지 찾아보자.

딸: 엄마, 저 이제부터 절대로 수학 학원에 안 갈 거예요. 선생님이 저만 미워해요.

엄마: 왜 안 가니? 어서 말해 봐. 네가 무슨 잘못을 했기에 선생님이 널 미워하니? (   )

딸: 내가 자꾸 문제를 틀린다고 선생님이 막대기로 내 손등을 때렸어요. 여러 번 때렸다고요.

엄마: 너 수학 잘했잖아? 너 틀림없이 한눈팔다가 실수해서 그랬지? 엄마는 다 안단다. (   )

딸: 한눈 안 팔았어요. 난 안 갈래요. 선생님은 나만 미워해요.

엄마: 선생님께서 너 잘하라고 그런 거야. 공부하다 보면 칭찬받을 때도 있고 야단맞을 때도 있는 거야. 그게 인생이란다. 그런 건 참을 줄도 알아야 한단다. 알았지? (   )

딸: 싫어요. 창피해요.

엄마: 착한 우리 딸이 왜 그럴까? 엄마가 저녁에 피자 시켜 줄게. 기분 풀고 어서 학원에 가거라. (   )

딸: 치! 엄마는 내 속도 몰라주고……. 나 피자 싫단 말이에요.

엄마: 피자 좋아하잖아? 엄마가 널 위해서 그 비싼 학원비에, 비싼 피자까지 사 주면서 돈을 다 쓰는데, 정말 속 터진다. 아무튼 넌 무조건 학원에 가야 해. (   )

이제 어머니가 딸의 마음을 공감해 주고, 문제해결적인 대화를 하는 것을 보자.

딸: 엄마, 저 이제부터 절대로 수학 학원에 안 갈 거예요. 선생님이 나만 미워해요.

엄마: 무슨 일이 있었니? (전후 사정을 알아보기)

딸: 내가 자꾸 문제를 틀린다면서 선생님이 막대기로 내 손등을 때렸어요. 여러 번 때렸다고요.

엄마: 네가 자꾸만 문제를 틀리게 푸니까 선생님이 너를 여러 번 때렸구나. (재진술하기) 그래서 선생님이 널 미워한다고 생각했고, 몹시 창피했구나. 또 화가 났구나. (공감하기)

딸: 그래요.

엄마: 내 딸이 이번에 정말 자존심이 크게 상했구나. (공감하기) 네 말을 듣고 보니 엄마도 속이 상한단다. (엄마의 감정을 표현해 주기) 지금

까지 네가 수학을 꽤 잘했는데, 왜 자꾸 틀리는지 우리 함께 그 원인을 찾아보고, 어떻게 더 잘할 수 있는지 연구해 보면 어떨까? 엄마가 선생님과도 상의해 볼게. (문제해결적 대화하기)

딸: 몰라요. 친구도 싫고, 다 싫어요.

엄마: 아유, 저런! 수학 선생님한테 야단맞고 나니까 공부하고 싶은 마음도 사라지고, 친구들과 잘 지내고 싶은 마음도 사라진 것 같구나. 모든 의욕을 상실했네. (높은 수준의 공감하기) 그 학원이 정말 가기 싫다면 다른 학원이나 다른 선생님을 찾아볼 수도 있고, 아니면 얼마간 너 혼자 집에서 수학 공부를 할 수도 있단다. 잘 생각해 보고 나서, 이 세 가지 중에 어떤 방법이 좋을지 말해 주면 좋겠구나. (선택권 제시하기)

출처: 홍경자(2007). **대인관계 심리학**. 학지사. p. 210.

15주

다른 방안을 찾아보고, 그 결과를 평가하라

문제점을 안고 있는 자녀와 적극적인 의사소통의 과정을 거쳐 당신이 이야기한다고 하자. 당신은 인내심 있게 기다려 주면서 적극적으로 경청하고, 자녀가 말하는 것과 느끼는 것에 대해서 공감적으로 반응한다면, 자녀에게는 지지가 된다. 그리하여 자기 스스로 현명한 결정을 내릴 수 있게 된다. 그러나 모든 경우가 다 그러한 것은 아니다. 많은 경우에 자녀는 자신이 당면한 문제점에 대해서 확실하게 인지하고, 자신이 느끼는 감정도 알게 되겠지만, (마치 반쯤 익은 케이크처럼) 미숙하고 불안정한 계획을 가지고 문제를 성급하게 해결하려고 하다가 사태를 악화시킬 수 있다.

부모는 자녀가 성급한 행동을 하기 이전에 일단 마음을 진정시키고 여러 가지 대안에 대해서 좀 더 생각해 보도록 도와줄 필요가 있다. 차분하게 여러 가지 대안에 대해서 좀 더 생각해 보라고 권하는 것은 매우 현명한 방법이다.

그런 사고 습관이 체득되면 자녀는 (마치 잘 익은 케이크처럼) 훨씬 더 좋은 방안을 가지고 문제를 해결할 수 있게 된다. 그래서 자녀에게 다음과 같은 질문을 하는 것이 좋다.

- "만일 네가 그 방법을 사용한다면 무슨 일이 일어날 것 같니?"
- "그 밖에 또 다른 방법은 없을까?"
- "그 일을 더 잘 해내기 위해서 네가 할 수 있는 일은 무엇이라고 생각하니?"
- "너는 네 이름을 바꾸고 나서 아프리카의 가장 오지 (원시림) 마을로 이사 가서 살아 볼까 하고 생각해 본 적은 없니?" (예: "아프리카의 원주민이라면 너의 고민과 문제점에 대해서 무슨 생각을 하게 될까?")

지금은 자녀가 문제의식을 느끼고, 그 책임을 감당해야 하는 상황이다. 그러니까 당신은 자녀에게 어떤 방식으로 문제를 풀어 나가라고 충고하거나 지시하지 않도록 하라. 차라리 자녀가 여러 가지 대안을 생각해 보고, 각각의 대안을 선택했을 때 어떤 결과가 뒤따를지 미리 예상해 보는 것을 배우도록 돕는 편이 훨씬 낫다.

문제해결이란 완전한 과학의 개념으로는 안 된다. 부모나 자녀가 선택한 대안이 만족스러운 결과를 가져오지 않는 경우도 있을 것이다. 그런 일이 발생할 때는 자녀에게 "그 일이 어떻게 진행되었니?"라고 질문한 다음에 추후 지도를 해야 한다. 그리고 앞에서 공부한 세 가지 의사소통의 단계로 다시 돌아가야 한다.

즉, 적극적으로 경청하기, 자녀의 감정을 반영해 주기, 자녀가 새로운 대안을 찾아보고 각 대안의 결과(장단점)를 평가해 보기의 단계로 돌아가 다시 한 번 자녀와 대화하라.

● 활 동

두 손바닥을 위로 올리기

부모가 흥분해서 자녀와 실랑이를 벌일 경우에 대개 사람들은 관심(주의)을 신체 부위로 옮겨 보라고 충고한다. 예를 들면, "엉덩이를 (힘주고) 올리세요."라고 말한다. 그렇게 하면 의식(意識) 상태가 자신의 신체의 하부로 옮겨 가기 때문에 흥분된 마음과 생각이 차분해진다.

그런데 나는 이 같은 상황에서 "두 손바닥을 (위로) 올리세요."라고 말해 주고 싶다. 부모가 자녀 앞쪽에서 두 손바닥을 위로 올리는 신체 행위는 자녀에게 '네가 결정하거라. 난 관여하지 않을 테니까.'라는 상징적인 몸짓이다.

그것은 당신은 자녀를 도와줄 뿐이지, 자녀의 문제를 대신 감당하지는 않겠다는 뜻을 전달하는 태도다. 그러나 당신이 형식적으로만 그런 몸짓을 취할 뿐, 실제로 자녀의 문제를 당신이 직접 해결하려고 간섭한다면 자녀는 당신의 행위를 그대로 모방할 것이다.

이번 주에는 자녀가 문제를 가지고 있는 것에 대해서 자녀와 이야기할 시간을 가져 보도록 하라. 이때 적극적인 자세로 자녀의 이야기를 경청하고 감정을 반영해 주도록 하라. 그러고 나서 적당한 시점에 자녀를 부드럽게 바라보면서 두 손바닥을 위로 올린 채 이렇게 말하라.

"네가 과연 어떤 결정을 내릴지 아빠(엄마)는 알 수 없구나. 그렇지만 네가 여러 가지 방안에 대해서 생각해 보도록 도와줄게. 너는 무엇을 하려고 하니?" 만약 자녀가 스스로 생각한 것을 이미 말한 경우에는 "네가 그 일을 하게 되면 무슨 일이 일어날 것 같니?"라고 질문하라. 이어서 그런 행동을 취한 과정에 대하여 평가해 보도록 하라.

- 자녀와 이야기를 나눈 것 중에서 당신이 마음에 든 점은 무엇인가?

- 당신이 두 손바닥을 위로 올리는 행위를 자녀는 어떤 메시지로 받아들일 것 같은가?

- 다음번에는 어떻게 보완하고 싶은가?

■ 적극적인 의사소통의 5단계

어떤 문젯거리가 발생했을 때, 그 문제와 관련된 사람들이 함께 모여 문제를 진지하게 논의하여 현명한 해결책을 도출하는 과정을 '적극적인 의사소통'이라고 한다. 여기서 '적극적'이란 말은 소극적이고 수동적이며 무책임한 태도가 아니라, 능동적이고 주도적인 지도자(리더)로서 효과적으로 토론과 대화를 이끌어 가는 태도를 강조하는 말이다.

부모는 가장(家長)이다. 가장이란 가정의 우두머리(authority)요, 리더다. 그러므로 가정사를 의논할 때 부모는 다음과 같은 다섯 단계를 거쳐 자녀와 대화함으로써 자녀의 문제해결 능력을 길러 주도록 하자.

● 1단계: 적극적으로 경청한다(13주 내용)

자녀의 눈을 지그시 바라보며, "음" "그랬구나"라고 하거나 고개를 끄덕여 주며, 부모의 말은 최대한 자제하면서 자녀의 이야기를 가로채지 않는다.

● 2단계: 감정에 귀를 기울인다(14주 내용)

자녀가 한 말에 담긴 감정을 읽어 준다. 즉, 공감해 준다.

● 3단계: 감정과 이야기 내용을 연결시킨다(14주 내용)

자녀의 문제점 내지 상황을 객관적으로 파악하면서, 동시에 자녀의 마음에 공감해 준다.

● 4단계: 대안을 찾아보고, 그 결과를 평가한다(15주 내용)

자녀에게 문제해결적 아이디어를 브레인스토밍(brainstorming)하는 기회를 준다. 이어서 자녀가 제안한 여러 가지 대안의 장단점을 알아본다. 그다음에 자녀가 한두 가지 대안을 선택하도록 지도한다.

● 5단계: 추후 지도를 한다

자녀가 어떤 대안을 실천한 다음에 그것이 효과가 있었는지의 여부를 확인해 보고, 필요한 경우에 다시 문제해결적 대화를 나누도록 한다.

출처: 홍경자 외 공역(2007). **부모코칭 프로그램: 적극적인 부모역할. Now!** 학지사. p. 57.

16주

취침 전 일과

저녁에 잠자리에 들 시간이 되자마자 고분고분하게 곧바로 잠을 자러 가는 어린이가 있다면 나에게 소개해 주기 바란다. 그러면 나 역시 꿈나라 속에서 마냥 행복하기만 한 어린이를 당신에게 소개해 주겠다.

부모가 자녀들에게 "이제 잠들 시간이니 어서 가서 자거라." 라고 다그치면, 대부분의 자녀들은 그 말을 듣지 않기 마련이다. 그러면 부모는 끝내 화를 내게 되고 벌을 주겠다고 엄포를 놓으면, 자녀는 부모의 잔소리를 들으면서 어슬렁어슬렁 침실로 들어간다.

여기서는 이와는 판이한 방법을 소개해 보려 한다. 핵심은 잠자리에 들기까지의 일정을 정규적인 일과(日課)로 만드는 것이다. 유아에게는 목욕시키는 일부터 시작하라. 즐거운 음악을 틀어 놓고 유아가 좋아하는 장난감을 욕조에 넣은 다음에 목욕을 시켜라. 그러고 나서 양치질을 하게 하라(예: "얘,

사자처럼 입을 크게 벌려 보렴. 네 목구멍 속에 영양 한 마리가 들어 있을 것 같아!").

그러고 나서 가장 신 나는 저녁 시간, 즉 동화책 읽기 시간을 가져라. 이렇게 하면 혈기 왕성한 아이들의 마음을 점차적으로 진정시키면서, 동시에 공부하는 습관을 자연스럽게 길러 줄 수 있다. 좀 더 나이 든 아이나 십 대 자녀와는 잔잔한 대화 시간을 잠깐 가져 보는 것이 좋다. 그러고 나서 아이 방의 전등불을 꺼 주고, 기도를 해 주거나 좋은 시나 격언을 읽어 주거나 아이의 등을 살살 어루만져 줄 수 있다. 마지막에는 모든 어린이가 듣고 싶어 하는 말, "잘 자라, 내 강아지. 사랑해."라고 꼭 말해 주기 바란다.

요점은 재미있는 활동과 하기 싫은 일과(억지로 잠을 자야 하는 일)를 섞어서, 일련의 행사(이벤트)로 만들어 진행하는 것이다. 그런데 만일 당신의 자녀가 그 순서 중 하나, 예컨대 목욕하기를 하지 않으려 하면, "좋아, 네가 목욕하기 싫으면 곧장 침대 속으로 들어가거라. 그러면 아빠가 네 방의 전등불을 꺼 줄게."라고 말하라.

달리 말해서, 자녀가 일과의 순서를 어기면, 곧바로 잠자리에 들어야 하고, 저녁 시간의 일과 중에서 가장 재미있는 부분(예: 동화책 읽기)은 생략하게 된다는 것이다.

초지일관 이 규칙을 지키되, 부드럽게 대하라. 그러면 자녀도 곧 취침 시간의 일과에 적응하게 되고, 그다음부터는 기분 좋은 상태로 잠자리에 들 것이다(대부분의 경우에!).

● 활 동

취침 전 일과표 짜기

매일 저녁 시간에 재미있고 부드럽게 진행되는 일과표를 만들어 보도록 하자. 다음의 빈칸에 지금까지 해 오던 일정이나 계획하고 있는 것들을 적어 보고 평가해 보기 바란다. 그리고 자녀들에게 실행해 보면서 수정해 나가도록 하라. 도무지 좋은 생각이 떠오르지 않을 때는 자녀들에게 질문하여 아이디어를 얻도록 하라.

● 취침 전 일과표

	당신의 계획	잘 진행되었는가?	보완할 사항
음악, 장난감, 놀이를 곁들인 목욕 시간			
양치질하기			
동화책 읽어 주기			
전등불 끄기			
기도해 주기			
동시 읽어 주기			
등 긁어 주기			
"사랑해! 내 강아지."			

17주

매일 "사랑해"라고 말하라

열 명의 심장병 전문의가 있다면 열 명 모두가 심장(heart)이 매우 중요하다고 입을 모은다. 심장이 없다면 삶도 없다. '심장'이란 인간을 살아 있게 하는 동맥, 정맥 ,혈류, 심방 등을 말한다. 그러나 여기서 '심장'이라고 말할 때는 용기, 끈기, 사랑과 같이 중요한 것들을 의미한다. 이런 것들이 심장 박동을 유지시켜 주는 재료다.

유명한 타수(打手)인 팀 웨이크필드(Tim Wakefield)는 기자로부터 "경기가 시작되기 전에 당신은 긴장되지 않습니까?"라는 질문을 받았다. 그는 "아니요. 전혀 긴장되지 않아요. 오늘 내가 경기에서 이기든지 지든지에 상관없이, 내일도 나의 부모는 여전히 나를 사랑할 것이고, 내 친구도 나를 사랑할 것이고, 하느님도 나를 사랑할 테니까요."라고 대답하였다.

사랑받고 있다는 느낌은 우리의 안녕과 자존감과 인생의 도전에 맞설 수 있는 용기를 북돋워 주는 활력소가 된다. 어떤 부모는 자녀에게 '사랑한다'는 말을 하기가 쑥스러워서 잘 못할 수도 있다. 그래서 그 말 대신에 안아 주고, 토닥거려 주고, 다정한 눈길로 애정을 표현한다.

만일 당신이 그런 부모라면 지금부터는 배짱을 가지고 밀고 나가라. 물론 신체 언어로 애정을 표현하는 것도 좋다. 그러나 자녀는 매일 '사랑해!'라는 말을 듣고 싶어 한다.

자녀가 계속해서 엇나간 행동과 분노와 반항으로 부모와의 관계를 지속할 경우에, 부모는 그런 자녀에게 사랑의 감정을 느끼기가 매우 힘들 것이다. 나는 그런 부모들에게 당부한다. 때로는 자녀가 밉고 화가 나더라도 그런 감정과는 상관없이 계속 밀고 나가라고.

비록 자녀와 갈등상태에 있다 하더라도, 당신은 분명히 가슴속으로는 자녀를 깊이 사랑하고 있다. 그런 사랑의 마음을 다시 발견하면 곧바로 그것을 표현하라. 그렇게 되면 자녀와의 갈등은 눈 녹듯이 해소될 것이다.

〈4월의 조각들(Pieces of April)〉이라는 영화를 보면 내가 말한 메시지가 명쾌하게 나타나 있다. 참고하기 바란다.

● 활 동

"사랑해"를 말하는 세 가지 창의적인 방법

"사랑해"라고 말하는 것은 의례적인 습관이 될 수 있다(거울 속에 비친 멋진 자신의 모습을 바라보면서 "사랑해"라고 말하라는 뜻은 아니다. 자녀에게 "사랑해"라고 말하라는 것이다).

대개 자녀가 잠자리에 들 때나 아침에 등교할 때, 또는 소년원에 갈 때 "사랑해"라는 말이 자동적으로 튀어나온다. 그때 자녀가 "나도 사랑해요, 엄마."(또는 "나도요!")라고 대답한다면 그리 나쁠 것도 없다. 그러니까 이런 습관을 계속 유지하는 것이 좋다. 그러나 다음과 같이 창의적인 방법으로 말해 보면 어떨까?

- 짧은 시를 적어서 자녀가 반드시 읽을 만한 장소(예: 비디오게임의 스크린)에 놓아둔다
  "장미는 붉다. 네 손가락은 푸르다. 너무 많은 운동을 해서…… 그래도 나는 너를 사랑한단다."

- 노크하기 놀이를 한다
  "똑똑똑!" "누구세요?" "사랑해요!" "누구를 사랑해요?" "너를 사랑해."

- 자녀의 뒤로 가서 살그머니 자녀의 눈을 가려 본다
  "누구게?" "아빠!" "그래, 맞아. 사랑해!"

- 엄숙하게 말한다
  "오늘은 아빠(엄마)가 너한테 정말로 중요한 이야기를 해 줄 게 있단다."
  "뭔데요?" "아빠(엄마)는 정말로 정말로 (하늘만큼 땅만큼) 너를 사랑한단다."

창의적으로 "사랑해"라는 말을 만들어 사용해 보거나, 앞에서 소개한 방식을 그대로 인용해도 좋다. 핵심은 자녀가 예상 밖의 놀라움을 가끔씩 경험하게 하여, 그 기쁨 속에 젖어 들고 가슴에 새기도록 하는 것이다. 당신이 자녀에게 해 준 말과 그에 대한 자녀의 반응에 대해서 적어 보기 바란다.

당신이 자녀에게 해 준 말 혹은 행동	자녀의 반응

18주

금연에 관한 가족회의

이번 주 주제는 두 가지다. 하나는 '가족회의가 좋다.'는 것이고, 또 '하나는 흡연(담배)이 나쁘다.'는 것이다. 함께 소리 내서 말해 보자. "가족회의는 좋다. 흡연하는 것은 나쁘다."

만일 당신이 애연가라면, 스스로 담배를 꺼내어 입에 물고 담배 연기로 하얀 구름을 만들어 내뿜는 자신의 이미지가 꽤 멋있어 보일 것이다. 그러나 그다음에도 또 담배에 불을 붙이고 싶은 열망은 어찌할 도리가 없을 것이다.

흡연 대신에 가족 모임 시간을 가지면 어떨까? (이건 가벼운 농담으로 받아들이기 바란다. 금연하기가 얼마나 힘든지 나는 잘 알고 있다. 그렇기 때문에 당신의 자녀는 처음부터 담배에 손을 대지 않도록 각별히 노력해서 지도해야 한다.)

어떤 주제를 가지고 가족회의를 하든지 간에, 그 시간만큼은 절대로 강의나 설교 시간이 되지 않도록 유념하라. 가족 모임에서는 열린 질문을 함으로

써 부자간에 대담(對談)이 이루어지도록 하라. 이어서 적극적인 의사소통 기술을 사용하여 자녀의 말을 잘 들어 주고, 자녀가 골똘하게 생각하는 시간을 가져 보도록 지도하라.

마지막으로, 왜 자녀가 담배를 피우지 않았으면 하고 바라는지에 대한 이유를 품위 있게 설명해 주도록 하라. 흡연이 해롭다는 것에 대한 많은 정보가 있다. 인터넷 웹사이트를 이용하라. 더불어 *Getting Through To Your Kids*라는 책에 내가 자녀들의 금연에 대하여 저술한 것을 읽어 보도록 추천한다.

부모는 자녀에게 흡연이 건강에 장기적으로 미치는 해악에 대해서 이야기해 주고, 흡연의 직접적인 영향, 즉 고약한 입 냄새, 누런 치아, 나이보다 더 빨리 노화하는 피부, 어린이와 청소년에게는 법적으로 금지되어 있다는 사실 등에 대해서도 말해 주어야 한다. 또한 흡연은 가정의 규칙에 어긋나는 행위이며, 만약 자녀가 담배를 피우게 되면 당신이 몹시 화를 낼 것이라고 강조하라.

마지막으로, 흡연의 부정적인 면을 보여 주는 시청각 자료를 구하라. 인터넷에는 십 대의 흡연에 경종을 울리는 무수한 글과 캠페인이 올라와 있다. 자녀에게 이러한 시청각 자료를 보여 주면, 자녀들은 실제로 "아유, 끔찍해, 징그러워."와 같은 반응을 보일 것이다.

● 활 동

가족회의를 하라

이번 가족 모임을 계획하기 위해서 다음의 빈칸에 당신이 할 말을 적어 보라. 가족 모임은 미리 주요 사항을 메모해 두지 않고, 즉흥적으로 말하면서 인도할 수도 있다. 그러나 가족회의는 사전에 계획을 세워 두는 것이 도움이 된다.

가족 모임에서 들려줄 말(예)	가족 모임에서 당신이 들려줄 말
● 시작하기 "오늘은 매우 중요한 주제를 가지고 잠시 회의를 하려고 한단다. 바로 우리의 생명을 구하는 문제야. 주제는 흡연, 즉 '담배 피우기'란다."	
● 토론을 유도하기 위한 질문 • "담배에 대한 주제를 가지고 이야기하자니 너희가 재미없다고 투덜거릴지 모르겠구나. 그런데 오랫동안 담배를 피운 사람의 사진을 좀 들여다볼래? 사진에서 보듯이 담배 하나 때문에 인생이 이렇게 비극적으로 끝나는 것에 대해서 어떤 생각이 드니?" • "흡연이 아주 나쁘다고들 말하는데, 너는 그 이유가 무엇이라고 생각하니?" • "요즘 청소년들이 담배를 피우는 것을 보고 너는 어떤 느낌이 드니?"	

● 요점을 정리해 줄 내용

- "흡연은 삶의 질을 떨어뜨리고, 심지어 죽음에 이르게 한단다." (콜록콜록)
- "고약한 냄새를 풍긴단다."
- "나이보다 훨씬 빨리 피부가 늙는단다." (두 배나 더)
- "흡연은 청소년에게는 불법이란다."
- "흡연은 우리 가족의 규칙에 어긋난단다."
- "이것은 네가 담배를 피우는지 안 피우는지를 부모인 우리가 항상 눈여겨보아야 한다는 뜻이야. 만약 네가 담배를 피운다면 친구들 모임에 나갈 수 있는 횟수를 줄일 거야."
- "우리는 너를 사랑하기 때문에 네가 건강하고 활기차게 성장하기를 바란단다. 그래서 담배가 해롭다는 이야기를 한 거야."

19주

자녀가 어긋난 행동을 할 때는 그의 목적과 욕구를 이해하라

이런 뉴스 자막이 화면에 떠오른다. '아이들은 손해나는 짓은 절대로 하지 않는다.' 만약 당신의 자녀가 끊임없이 엇나간 행동을 한다고 가정해 보자. 그 이유는 엇나간 행동을 함으로써 무엇인가 이득을 얻기 때문이다. 즉, 어떤 '보상'이 있으니까 그런 행동을 계속하는 것이다.

그런데 누가 자녀에게 보상을 주고 있는가? 그것은 바로 당신이다. 즉, 당신이 자녀에게 보상을 주고 있다. 어린이를 포함하여 모든 사람들은 과거의 심리적 상처나 사건 때문에 어떤 행동을 하려고 동기화되기보다는, 미래에 얻게 될 어떤 목적 내지 심리적 욕구를 충족하기 위해서 동기화된다. 그러므로 자녀가 원하는 것(행동 목적 또는 욕구)이 무엇인지를 미리 헤아릴 수만 있다면, 부모가 자녀의 행동을 강화하거나 보상해 줄 만한 소지가 줄어든다.

청소년에게는 다섯 가지 주요한 행동 목적이 있다. 그들은 긍정적인 행동

(접근) 혹은 부정적인 행동(접근)을 통해서 자신의 목적을 달성한다.

부모는 자녀의 그릇된 행동에 보상을 주지 않으면서, 자녀들의 목적 내지 심리적 욕구를 긍정적인 방식으로 충족하도록 방향을 전환시켜 주어야 한다. 다음의 정보가 도움이 될 것이다.

- 소속감의 욕구(또는 행동 목적)를 달성하기 위한 부정적인 접근: 부당한 관심 끌기
  - 부모의 강화(또는 보상) 잔소리하기, 일일이 지시하기, 설교하기
  - 대안 말은 적게 하고 행동으로 보여 주어라. 그리고 논리적 결과를 체험시켜라.

- 힘의 욕구(또는 행동 목적)를 달성하기 위한 부정적인 접근: 반항하기
  - 부모의 강화(또는 보상) 자녀와 언쟁하거나 자녀에게 양보한다.
  - 대안 힘겨루기에서 물러나 있어라. 마음을 진정시킨 다음에 그 문제에 대해서 함께 이야기하라. 그리고 '느슨한 대결' 기법을 사용하라(이것은 24주에서 다룰 것이다).

- 보호의 욕구(또는 행동 목적)를 달성하기 위한 부정적인 접근: 앙갚음하기
  - 부모의 강화(또는 보상) 심하게 처벌한다. 심한 처벌은 자녀의 보복 심리를 정당화시켜 주는 효과(강화)가 있다.
  - 대안 자녀를 혼내려는 마음을 자제하라. 자녀가 무엇 때문에 상심해

있는지를 알아내라. '느슨한 대결' 기법을 사용하라.

- 물러서기의 욕구(또는 행동 목적)를 달성하기 위한 부정적인 접근: 과도한 회피
  - 부모의 강화(또는 보상) 양보한다.
  - 대안 계속 격려하라. 아가 BANK 기법으로, 즉 작은 단계로 나누어 지도하라. 필요할 때는 도움을 구하라.

- 도전과 모험의 욕구(또는 행동 목적)를 달성하기 위한 부정적인 접근: 무모한 스릴의 추구
  - 부모의 강화(또는 보상) 무시하거나 심한 처벌을 한다.
  - 대안 긍정적인 모험을 하도록 방향을 바꾸어 주어라. '정중하게 부탁하기'와 같은 훈육 기법을 사용하라.

활 동

당신이 어떻게 강화하고 있는지 알아보라

자녀의 욕구 내지 행동 목적이 무엇인지를 알아보는 입장에서 생각해 보자. 그리고 자녀가 그릇된 행동을 할 때, 그런 방식의 욕구 충족을 당신이 강화하지 않는 기술을 알아보자. 앞으로 좀 더 다양한 훈육 기법에 대해 알아보고 배워 나갈 것이다.

지금은 자녀의 그릇된 행동에 당신이 어떻게 보상을 주고 있는지에 대해서만 초점을 맞추도록 하라. 다음의 빈칸을 이용하여 자녀의 행동 목적과 부정적인 접근 방식을 규명해 보자.

당신이 느끼는 감정	당신이 지도해 줄 때 자녀의 반응	자녀의 욕구(또는 행동 목적)와 자녀가 취하는 부정적인 접근 방식	당신은 그런 접근 방식을 어떻게 강화했는가(또는 강화하지 않았는가)?
짜증이 난다.	그 행동을 중단한다. 그러나 곧 다시 시작한다.	소속감의 욕구 충족을 위한 부당한 관심 끌기	
화가 난다.	반항한다. 혹은 나중에 다시 싸우기 위해서 잠시 수그러든다.	힘의 욕구 충족을 위한 반항하기	
속이 상한다.	계속 부모의 마음을 상하게 하거나, 엇나간 행동을 더 많이 한다.	보호의 욕구 충족을 위한 앙갚음하기	

무기력하다.	수동적으로 된다. 어떤 시도도 하지 않고 포기한다.	물러서기의 욕구 충족을 위한 과도한 회피	
몹시 두렵다. (걱정된다)	점점 더 위험한 행동을 한다.	모험에 대한 욕구 충족을 위한 무모한 스릴의 추구	

● 역자의 선물

■ 인간의 욕구(또는 행동 목적)와 그것을 충족하는 방식

아들러(Adler)와 그의 후계자인 드라이쿨스(Dreikurs)에 따르면, 인간은 미래지향적으로 행동한다. 가령 자녀가 부모에게 반항하는 것은 과거에 경험한 심리적 상처 때문에 현재 반항 행동을 하는 것이 아니라, 앞으로 무엇인가를 얻기 위해서(예를 들면, 힘의 욕구를 충족하기 위한 목적으로) 반항 행동을 한다는 것이다. 적극적인 부모 역할 훈련은 이 학자들의 이론에 근거하여 고안된 부모 코칭 프로그램이다.

드라이쿨스는 인간의 욕구 내지 행동 목적에는 대표적으로 다섯 가지가 있다고 하였다. 이 다섯 가지 욕구가 충족되면 우리는 행복하다고 느끼고, 충족되지 못하면 불행감, 우울증, 세상에 대한 원망, 자포자기와 자기 학대 등을 경험하게 된다고 보았다. 대개 인간은 열심히 노력하고 인내하면서 이러한 욕구를 충족하려고 한다. 이것을 '긍정적인 접근'이라고 한다. 그러나 아무리 노력하더라도 그런 욕구가 충족되지 않거나 자신의 능력과 노력으로 그런 욕구를 도저히 충족할 수 없는 경우에는 더 이상 노력하기를 포기하고 비상수단을 사용한다. 즉, 사회에서 용납되지 않는(불법적인) 방법—폭력, 비행, 범죄, 반항 등—을 동원한다. 이것을 '부정적인 접근'이라고 한다.

드라이쿨스가 소개한 인간의 욕구(또는 행동 목적)와 그것을 충족시키려는 방식을 정리해 보면 다음과 같다.

욕 구	긍정적인 접근	부정적인 접근
소속감(belonging)의 욕구 접촉과 사랑의 욕구	부모나 소속 단체의 일에 협조한다. (기여하기)	부당한 방법으로 지나치게 관심을 끌려고 한다.
물러서기(withdrawal)의 욕구 자기만의 시간과 공간을 갖고자 하는 욕구	에너지의 재충전을 위한 휴식과 혼자만의 공간과 사색의 시간을 갖고자 한다.	모든 사람과의 관계를 무조건(과도하게) 회피한다.
힘(power)의 욕구 신체적 힘, 실력, 재능, 유능감과 존경받고자 하는 욕구	열심히 노력해서 실력을 쌓아 인정을 받는다.	반항, 폭력, 갈취, 범죄로써 자기를 과시한다.
보호(protection)의 욕구 신체적 상해나 자존심의 위협에서 자신을 지키려는 욕구	위협적인 상황에서 몸을 피하고, 정당한 자기 권리를 주장하고 지킨다.	자존심을 회복하기 위해서 은밀한 방법으로 보복한다.
도전(adventure)의 욕구 청소년기부터 활성화되며, 위험과 역경을 극복하려는 욕구	어려운 과제를 성취하여 승리감을 느끼려 한다.	약물 남용, 음란 행위, 폭력과 범죄 등으로 스릴을 추구한다.

20주

정중하게 요청하기

자녀의 그릇된 행동을 교정하는 데 유용한 훈육 기술에 대해서는 차후에 다루게 될 것이다.

이번 주간에는 누군가가 당신에게 무례한 말로 무언가를 지시했을 때, 당신이 자존심이 상하거나 불쾌감을 느껴서 노골적으로 그의 지시나 부탁을 거절했거나 간접적으로 골탕을 먹인 적은 없는지 한번 생각해 보자(상대방이 좋은 말로 부탁했다면 당신이 기꺼이 응해 주었을 텐데……). 당신이 실제로 그런 적이 없다고 말한다면(그건 사실이 아닐 테니까), 무의식중에 억압된 기억을 떠올리는 데 도움이 될 만한 책을 추천해 줄 수도 있다.

사실 부모인 우리는 자녀에게 함부로 말하기 때문에 힘겨루기에 말려들게 되고 일이 뜻대로 진척되지 않는다. 모든 인간은 인격적으로 존중받을 권리가 있다(윗사람에게 훈육을 받는 경우라 할지라도). 부하 직원을 무자비하게 야단치면서도 여전히 사업을 잘 해낼 수 있다고 생각하는 상사나 과속한 차량에 범칙금 티켓을 끊으면서 운전자를 신랄하게 면박해도 된다고 생각하는 경찰관이 있다면, 그들에게 화(禍)가 있으리라! 내가 존중받고 싶다면 나부터 상대방을 존중해 주어야 한다.

자녀가 독서에 몰두해 있는데 어머니가 말을 거는 장면이 7주에 소개되었던 것을 기억할 것이다. 자녀가 대답하지 않자, 어머니는 아이를 따끔하게 야단친다. 당신 생각에 어머니의 행동이 불손하게 여겨지지 않는다면, 그다음 장면을 기억해 보라. 상황이 뒤바뀌자 자녀가 불끈 일어서서 어머니에게 대뜸 이렇게 소리치지 않았던가?

"엄마, 엄마도 나를 무시하고 함부로 대한단 말이에요. 내가 몇 번이나 반복해서 똑같은 말을 해야 되나요? 내 말을 좀 들어 줘요. 알아들었어요, 아줌마!"

부모가 자녀에게 함부로 말하듯이, 자녀도 부모에게 함부로 말하는 것을 허용한다면 문제가 심각해질 것이다. 그 주제는 다음에 다루기로 하자. 여기서는 부모가 자녀에게 대접받기를 원하는 방식으로, 부모가 먼저 자녀에게 말하는 방식을 연습하기로 하자.

● 활 동

세 가지 정중한 요청

당신이 어쩔 수 없이 자녀에게 함부로 말해야 하는 상황을 생각해 보기보다는 의식적으로라도 매우 정중한 태도로 자녀에게 부탁해 보는 연습을 해보자. 이 말은 윗사람에게 하듯이 깍듯하게 경어를 써서 입발림하라는 뜻이 아니다.

이제부터는 당신이 의젓하고, 분명하며, 정중하게 예의를 갖추고 자녀를 대하도록 당신의 태도를 바꾸어 보자는 것이다. 예를 들면 다음과 같이 말하라.

- "수빈아, 간식을 먹고 난 다음에는 빈 접시를 싱크대에 가져다 두는 것을 명심하겠니?"
- "재신아, 아침에 샤워한 다음에는 반드시 욕실의 전등불을 끄도록 하렴. 그러면 전기 요금이 절약된단다."
- "아들아, 내가 너한테 그런 식으로 함부로 말한 적이 없지 않니? 그러니까 너도 엄마한테 함부로 말해서는 안 된단다. 알았지?"

이처럼 정중하게 요청하는 태도를 계속 연습해서 자녀의 태도 변화에 있어서도 '성공'하기를 바란다.

여기서 말하는 '성공'이란 자녀의 행동이 변화했다는 것을 의미하는 것이 아니다(만약 자녀에게서 행동 변화가 일어났다면 당신은 행운아다). 내가 말하는 성공의 의미는 다르다. 그것은 자녀에게 부모를 존경하는 태도로 대하라고 요구함으로써, 자녀의 도덕적인 기초를 다지는 면에서 성공하기를 바란다는 뜻이다. 당신이 정중하게 부탁하는 말로써 자녀를 지도했음에도 자녀가 엇나간 행동을 계속한다면, 다른 훈육 기법을 사용해야 할 것이다. 그 방법은 차후에 소개하기로 한다.

당신의 관점에서 볼 때 자녀가 변화했으면 하는 행동	당신이 표현한 정중한 부탁의 메시지	자녀의 반응

● 역자의 선물

■ 인격적으로 존중받고 자란 아이

자녀에게 함부로 말하거나 억압하고 무시하지 않으며, 예의를 갖추어 인격적으로 대해 준다면 어떤 효과가 있을까? 가령 자녀에게 정중하게 부탁하는 방식으로 대화를 나눈다면? 다음 빈칸에 ○, ×, △로 표시해 보자.

1	성인이 되었을 때 누군가로부터 거친 언어폭력을 당하면 크게 상처를 받아 세상을 몹시 두려워하게 된다.	
2	금전을 낭비하고 사치스러운 생활을 한다.	
3	자기도취적이고 교만하며, 사람들이 자신을 극진하게 대해 주지 않으면 불평을 하며 토라진다.	
4	현명한 문제해결자 혹은 국내 · 국제 분쟁의 조절자 역할을 유능하게 해낼 수 있다.	
5	자녀를 키울 때 독재자처럼 군림하려고 한다.	
6	자존감이 높아 웬만한 비난에는 상처받지 않고 긍정적으로 살아간다.	
7	직장 동료와 상사에게서 신임을 받는다.	
8	영원히 미성숙한 사람으로 살아간다.	
9	다른 사람을 정중하게 대하는 태도 때문에 인기가 있다.	
10	잉꼬부부로 결혼 생활을 영위할 소지가 높다.	

※ 해답은 이 책의 '문제 풀이'(p. 307)에 나와 있음.

21주

정중한 요청이 효과가 없을 때는 '나' 메시지를 사용하라

지난주에 언급한 것과 같이, 정중하게 요청을 하더라도 자녀의 그릇된 행동이 변화되지 않는 경우가 많다. 왜냐하면, 자녀는 그릇된 행동을 통해 어떤 보상을 받아 왔기 때문에 그런 행동을 계속하고 싶어 하는 것이다. 또 경우에 따라서는 그릇된 행동이 습관으로 고착되어 버려서 그런 나쁜 습관을 고치기가 정말 힘들다(그건 정말 나쁜 일이지만……. 그러나 좋은 습관을 고치는 것 또한 힘들다. 다행히도 그건 정말 좋은 일이다).

요컨대, 정중한 요청이 효과가 없을 때는 보다 확고한 훈육 기법을 사용해야 한다. 그 요령을 소개하자면, 처음에는 부드럽게, 그러나 점점 더 강하고 확고하게 나가서 끝내는 당신이 원하는 결과를 얻도록 하는 것이다.

과도한 징벌은 좋지 않은 지도 방법이며, 자녀에게 훌륭한 품성을 길러 주지 못할 뿐만 아니라 (부모에 대한) 두려움만 조장한다. 그래서 부모에게도,

자녀에게도, 또 두 사람 간의 관계에도 해로울 뿐이다.

그러므로 훈육을 할 때는 부드럽게 시작해서 조금씩 더 늘려 나가는 것이 좋다. 그리하여 결국에는 당신이 원하는 결과에 도달하도록 하라. 그릇된 행동을 변화시키는 데 유용하고 분명한 의사소통 기술에는 '나' 메시지(또는 '나' 전달법)가 있다. '나'라는 말을 사용하는 것은 '너'라는 말로 시작하는 '너' 메시지와 매우 대조된다.

부모는 자녀의 행동을 바꾸기 위해 '너' 메시지를 곧잘 사용한다. 이것은 대개 자녀를 신랄하게 비난하는 방식으로 표현된다. 가령, '너는 결코…….' '너는 항상…….' '도대체 너는 왜…….' '너 때문에 내가 미치겠다.'와 같은 표현이다. 이런 말을 들은 자녀는 똑같은 방식으로 부모에게 응수하고 부모 탓을 한다. 그러므로 '너' 메시지의 사용은 자제해야 한다.

'나' 메시지는 네 부분으로 표현된다. 예컨대, 자녀가 당신에게 불손하게 말대꾸를 한다고 하자. 당신이 자녀에게 정중하게 부탁하는 말씨로 이야기했건만 도무지 효과가 없을 때 당신은 자녀를 앉혀 놓고 다음과 같이 차근차근 말하도록 한다.

- 당신의 문제점 "네가 나한테 불손하고 빈정대는 식으로 말하는데, 그게 나에게는 문제가 된단다."
- 당신의 감정 "그런 말을 들으면 나는 화가 난단다."
- 이유 "왜냐하면 그것은 나를 무시하는 불손한 태도니까. 그리고 나는 너에게 그렇게 함부로 말하지 않기 때문이다."

- 원하는 점 "다음부터는 나에게 예의를 갖추어 말해 주기 바란다."

물론 '나' 메시지가 모든 문제를 해결해 주는 것은 아니다. 그러나 '나' 메시지가 의외로 효력을 발휘하는 경우가 많다.

● 활 동

'나' 메시지를 두 개 만들어 보자

두 개의 '나' 메시지를 구성하는 일을 반드시 해 보도록 하라.

자녀가 보이는 두 가지 문제를 생각해 보라. 또는 그 문제 때문에 배우자가 나타내는 문제에 대해서도 '나' 메시지를 사용하면 효과가 있다. 그리고 다음 장의 빈칸을 채워서 '나' 메시지를 완성하라.

이번 주간에 적어도 한 가지는 자녀에게 직접 활용해 보고, 그 결과를 적어 보라. 만일 '나' 메시지를 사용했음에도 신통한 효과가 없다면, 이 책을 더 읽어 나가기 바란다. 좀 더 확고한 방법은 차후에 소개하겠다.

◈ '나' 메시지

● 당신의 문제점 "네가 ______________________________

____

______________________ 그것이 나에게 문제가 되는구나."

● 당신의 감정 "그래서 나는 ___________________________

____

______________________________ 느낌이 든단다."

● 이유 "왜냐하면 ______________________________

____

________________________________ 때문이야."

● 원하는 점 "그래서 나는 네가 _______________________

____

_____________________________ 하기를 원한단다."

● 첨가 사항 "__________________________________

____

____________________ 그렇게 해 줄 수 있니? 언제 하겠니?"

▒ '나' 메시지와 '너' 메시지

'나' 메시지(I–message)는 '나–전달법' 이라고도 한다. 또 '나–진술문(I–statement)' 이라고도 한다. '나' 메시지는 P.E.T.의 창시자인 토머스 고든(Thomas Gordon)이 고안한 용어다.

문제를 일으킨 장본인은 자녀인데, 불편을 겪는 사람은 부모다. 이때 대부분의 부모(나)는 상대방인 자녀(너)를 질책한다. "너, 왜 그랬니?" 그는 이러한 대화 방식을 '너' 메시지라고 하였다.

부모에게 책망을 받으면(자신이 잘못한 것이 사실이더라도) 자녀는 자존심이 상하게 된다. 자녀는 손상된 자존심을 지키기 위해서 방어하고 변명한다. 또 자신에게도 힘이 있다는 것을 보여 주기 위해서 반항하고, 고의적으로 억지 행동을 할 수 있다. 그리하여 끝내는 힘겨루기로 몰고 갈 소지가 많다.

따라서 '너' 메시지의 부작용을 줄이고, 자녀에게 부모의 진솔한 마음을 제대로 전달하여 자녀의 문제를 효과적으로 해결하고 싶다면, 부모가 자녀에게 비판적인 말을 자제할 필요가 있다. 그 대신 부모(나)의 감정과 염려를 담담한 어조로 표현해야 한다. 그런 다음에 자녀에게 바라는 것을 구체적으로 부탁하도록 한다. 이처럼 나(부모)의 입장에서 문제점을 진술하는 대화 방식이 '나' 메시지다.

'나' 메시지를 사용할 때 주의 사항은 다음과 같다.

- ‘나’ 메시지는 자녀에게 전후 사정을 차근차근 이야기해야 하므로, 자녀가 부모의 말을 진지하게 경청할 수 있는 시간적인 여유와 심리적인 자세가 되어 있을 때 사용해야 한다. 따라서 ‘나’ 메시지는 가끔씩 사용하는 것이 효과적이다.
- 부모는 미리 ‘나’ 메시지를 써 보고, 차분한 말씨로 말하는 연습을 여러 번 해 본 다음에 이 기법을 사용한다.
- 화가 난 상태에서 거친 어조로 ‘나’ 메시지를 사용하면, 자녀는 부모가 자신을 야단치는 것으로 받아들인다. 그래서 부모가 의도한 대로 효과를 발휘할 수 없게 된다. 따라서 ‘나’ 메시지는 담담한 어조와 진지한 태도로 전달해야 한다.
- ‘나’ 메시지는 자녀의 그릇된 행동을 교정할 때만 사용할 것이 아니라, 자녀가 착실한 행동을 할 때 칭찬과 격려와 인정해 주는 말로도 자주 사용하도록 한다.

영철아, 너 왜 만날
지각하니? 네가 그렇게
게을러서야 어떻게
살아가겠니?
나는 틀려먹었구나.
창피하다.
내 사정도
모르는 선생님이 밉다.
계속 지각해서 선생님을
괴롭혀야겠다.

■ '너' 메시지 전달 방식의 예

■ '나' 메시지 전달 방식의 예

출처: 홍경자(2007). **자기주장의 심리학**. 학지사. p. 127.

22주

단호하게 지시하기 또는 '요말' 하기

자녀에게 정중하게 요청하고, '나' 메시지를 사용했음에도 부모가 부탁한 말에 자녀가 응하지 않을 경우에는 '단호하게 지시하기(환기시키기)'를 사용하라. 때로는 부모가 위엄을 보여 줄 필요가 있지 않겠는가?

왜냐하면 자녀들이 계속 부모의 말을 묵살한다고 해도, 부모는 평온한 마음을 잃고 큰소리를 내며 꾸지람하거나 폭발하고 싶지 않기 때문이다. 부모가 분노를 폭발하거나 큰소리를 치면, 결과적으로 부모가 자녀의 힘의 욕구에 엄청난 보상을 주는 것이 된다.

자녀는 '그렇지. 내 힘이 얼마나 센대. 내가 아빠 말을 들은 척도 하지 않았더니 결국은 아빠가 분통을 터뜨리는구나. 아유, 고소해!'라고 생각할 수 있다.

단호하게 지시하기의 요점은 자녀가 해야 할 일을 아주 간결하게 일러 주는 것이다. '아주 짤막한 말'로 지시하라는 뜻은, 과거에 국어 시간에 열심히 공부해서 익힌 모든 문법과 문장의 법칙을 무시해 버리라는 뜻이다. 그리고 곧바로 요점만 말하라는 것이다. 부모가 단조로운 어조로 짤막하게 말하면, 자녀는 딴청을 부릴 겨를도 없이 곧바로 응하게 된다.

이와 대조적으로 잔소리는 문제가 된다. 계속해서 부모가 같은 말을 여러 번 반복하면, 자녀들은 부모가 화났을 때도 별로 대수롭지 않게 여기게 된다.

그러므로 짧게 말하라(Keep it short and simple). 요약해서 표현하자면, 'KISS 하라!'가 된다. 요점만 말하라. 이것을 준말로 '요말' 하기라고 하자. 'KISS' 또는 '요말' 하기를 하면 자녀들은 부모의 말을 듣게 된다.

- **문제점** 자녀가 당신에게 고래고래 소리를 지른다.
- **'요말' 하기** "가영아, 당장 목소리를 낮추거라."

- **문제점** 당신이 자녀에게 그만 잠자리에 들라고 말했는데, 자녀는 그 말을 들은 척도 하지 않고 게임만 하고 있다.
- **'요말' 하기** 당신이 컴퓨터를 끄도록 하라. 그러고 나서 "얘야, 그만 자도록 해라. 지금 당장."이라고 말하라.

- **문제점** 자녀가 목욕할 시간인데, 계속 레고를 가지고 노는 데 열중해 있다.

- ‘요말’ 하기 “얘, 목욕. 지금 당장!”(그러니까 천재에게도 위생 관념은 심어 주어야 한다.)

● 활 동

‘요말’ 하기를 실행하라

이번 주 활동은 자녀가 정중한 요청과 ‘나’ 메시지에 반응하지 않을 때, 자녀에게 요점만 짧게 말해 주는 것을 연습하는 것이다.

“너는 어쩌면 그렇게 신중하지 못하니? 내가 너희를 위해서 얼마나 애쓰고 있는지 알기나 하니? 형처럼 식구들을 챙겨 주기도 하고, 좀 더 책임감 있게 행동할 수는 없니?”

이런 설교를 하고 싶은 유혹을 강력하게 뿌리치기 바란다. 당신이 이런 방식으로 말하는 것을 자녀는 부모로서 단지 잔소리를 하는 것일 뿐 심하게 야단맞는 것은 아니라고 생각할지도 모른다. 이런 설교를 듣고 자란 아이는 ‘한 귀로 듣고 한 귀로 흘리는(parent deafness)’ 증상이 생기거나, 앙갚음의 유전인자가 발동하여 은근히 부모의 속을 썩이게 된다.

‘요말(KISS)’ 하기를 실천해 볼 만한 기회를 찾아보자. 그리고 다음의 빈칸에 적어 보자.

자녀의 엇나간 행동	'요말(KISS)' 하기	자녀의 반응

'요말' 하기 또는 '단호하게 지시하기'를 현명하게 사용하면 자녀들은 곧 잘 응하게 된다. 그러나 자녀가 자신이 할 일을 습관적으로 망각하거나 건성으로 듣는 경우에는 부모가 다시 (단호하게) 환기시켜 주어야 한다. 그런 경우에는 좀 더 확고한 훈육 기술이 필요하다(이것은 다음 주에 다루기로 한다). 결국 자녀는 스스로 자기가 할 일을 기억하고 실행해야만 한다(자녀가 일생 동안 당신의 도움을 받고 살기를 바란다면, 내가 이 책에 제시한 방법과 정반대의 행동을 하면 된다. 그러면 자녀는 성인이 된 후에도 절대로 당신 집을 떠나려고 하지 않을 것이다).

23주

논리적 결과 대 처벌

나는 유명한 만화 작가이자 아동심리학자인 고(故) 행크 케첨(Hank Ketchum) 박사의 만화를 좋아한다.

개구쟁이 데니스(『부모코칭 프로그램: 적극적인 부모역할 Now!』에서의 개구쟁이 '대성이')는 벽에 크레용으로 그림을 그리고 있다. 그것을 본 어머니가 말한다.

"벽에 그림을 그리면 안 된다고 몇 번이나 말했니? 저 구석에 가서 네가 한 행동을 반성해라."

"아유! 엄마, 그런 건 어린애들에게나 시키는 거예요."

"그래? 그럼 어떤 벌을 줄까? 일주일간 TV를 못 보게 할까?"

"싫어요. 그건 효과가 없어요."

"그럼 매를 맞아 볼래?"

"나는 이제 다 컸다니까요. 매는 유치해요."

"내게 좋은 생각이 있다." 어머니는 잠시 후에 물이 담긴 양동이와 걸레를 들고 왔다.

"한 점도 남기지 말고 말끔히 닦아 내라. 그리고 물을 엎지르면 안 된다."

데니스는 벽에 낙서한 것을 애써 지우면서 "휴우! 그리기보다 지우기가 훨씬 더 어렵구나."라고 말한다. 어머니가 돌아와 보니 벽의 낙서는 절반만 지워져 있고, 데니스는 보이지 않는다.

"얘야, 어디 있니?"

"엄마, 저 여기 구석에 있어요. '생각 의자'에 앉아서 제가 한 행동을 반성하고 있어요."

이 만화는 이야기가 주는 재미 외에도, 어머니가 '논리적 결과를 체험시키기'라고 하는 일등급 훈육 방법을 찾아내느라 한참 동안 궁리한 점이 돋보인다.

논리적 결과를 자녀에게 체험시키는 것은 처벌의 방법과는 다르다. 논리적 결과를 체험시키는 것은 부모가 생각나는 대로 일관성 없이 자녀를 처벌하는 것이 아니다. 이것은 자녀의 그릇된 행동과 관련하여 논리적으로 연관성이 있는 결과를 직접 체험하게 함으로써 자신의 행동에 대한 책임을 지도록 하는 훈육 방법이다.

벽에 낙서한 것과 구석의 '생각 의자'에 앉아 있는 것은 어떤 연관성이 있을까? 자녀가 그릇된 행동을 할 경우에는 논리적으로 연관성이 있는 어떤 과제를 주어서 자신의 행동에 따른 결과를 경험하도록 지도하면, 자녀는 부모의 지시가 정당하고 합리적이라는 것을 깨닫게 된다. 그리고 자신이 취한 행위에 뒤따르는 결과에 대해서는 책임을 져야 한다는 것을 배운다.

● 활 동

논리적 결과를 체험시켜라

자녀가 그릇된 행동을 그만두고 올바른 행동을 하도록 지도하기 위해 줄곧 체벌로 일관해 왔다면, 지금부터는 그 방식을 탈피하기 바란다. 그리고 이번 주부터는 자녀에게 논리적 결과를 체험시키도록 하라.

만일 '요말(KISS)' 하기가 효력을 발휘하지 않는 경우에는 자녀에게 논리적 결과를 체험시키는 것이 더 적합할 것이다. 몇 가지 문제점을 찾아보고 다음 장의 빈칸에 적어 보자. 자녀에게 논리적 결과를 체험시키는 요령은 다음과 같다.

- 자녀에게 조건부의 선택권을 주어라(예: "대성아, 다음에는 종이에 그림을 그리거라. 그렇지 않으면 크레용을 일주일간 압수할 거다.").
- 단호하고 조용한 어조로 말하라(화를 내거나 큰소리를 내서는 안 된다).

• 자녀가 취한 행동에 뒤따르는 결과나 의무를 반드시 부과할 것이라고 확실하게 말하라.
• 자녀가 부모를 시험해 본다는 사실을 유념하라.

자녀는 그릇된 행동을 하여 어떤 보상(이득)을 얻어 내는 데 익숙해져 있다. 그러므로 자녀들은 당신이 자녀에게 논리적 결과를 부과하겠다고 말한 것을 정말로 초지일관 실행하는지 눈여겨보면서 부모를 시험해 볼 것이다.

이 말은 부모가 자녀에게 논리적 결과를 수차례 체험시킨 다음에야 비로소 효력이 발생한다는 뜻이다. 그러니까 자녀들의 좋지 못한 습관이 단 한 번의 말이나 지시로는 고쳐지지 않는다는 뜻이다. 부모가 자녀에게 논리적 결과를 지속적으로 체험시키면, 자녀는 부모의 눈치를 본 다음에 결국은 자신의 오래된 습관을 단념한다. 그리고 부모가 바라는 대로 따르게 된다.

문제가 되는 행동	자녀에게 부과한 논리적 결과	자녀의 반응	다음에는 어떻게 보완하고 싶은가?

● 역자의 선물

■ 논리적 결과를 체험시키기

형제들끼리 싸울 때 부모가 논리적 결과를 부과하는 사례로 적절한 것은? ( )

① "너희 싸움을 그만두지 않으면 둘 다 때려 줄 거다."

② "너희 싸움을 그만두지 않으면 다음 주 용돈은 없다."

③ "너희 싸움을 그만두지 않으면 각자 자기 방에서 따로 놀게 할 거다."

④ "너희 싸움을 그만두지 않으면 엄마가 집을 나가 버리겠다."

※ 해답은 이 책의 '문제 풀이'(p. 308)에 나와 있음.

■ 비논리적 결과의 부과

■ 논리적 결과의 부과

출처: 홍경자(2007). **대인관계의 심리학**. 학지사. p. 205.

※ 역주: 부모의 지도 방식
(자녀에게 선택권 주기 + 논리적 결과를 체험시키기 ➡ 책임감의 육성)

24주

훈육의 마지막 카드, 느슨한 대결

"느슨한 대결이라…… 우아! 드디어 말썽쟁이 내 아이에게 '이건 하느님이 주시는 벌이야' 라는 경각심을 일깨워 줄 만한 비장의 카드가 소개될 모양이군!"

만약에 당신이 이런 기대를 하고 있다면 '느슨한 대결' 기법에 대한 설명을 듣고 나서 상당히 실망할 것이다. 그러나 부모가 추구하는 것은 자녀에게 훌륭한 품성을 길러 주는 것이지, 맹목적인 순종을 가르치는 것이 아니라는 점을 인식하기 바란다. 품성 교육의 중요성을 인식한다면, 당신은 '느슨한 대결' 이 내포하는 탁월한 가치를 곧 알게 될 것이다.

지난주까지는 '느슨한 대결' 의 구성 요소를 따로따로 공부하였다. 이제 각각의 구성 요소를 연결해 보자. 이렇게 해서 '느슨한 대결' 기술을 완성한다.

- **느낌(feeling)** 14주에서 언급한 것과 같이 자녀들은 부모가 자신의 감정(마음)에 신경을 써 준다고 느낀 다음에야 부모가 얼마나 아는지에 대해서(혹은 부모가 무엇을 원하는지) 신경을 쓰게 된다. 그러므로 자녀의 감정에 공감해 주는 일이 중요하다. 그것은 힘겨루기를 비껴가게 해 준다.

- **한계(limits)** 자녀에게 여건(상황)상의 한계점을 알려 주어라. "아빠(엄마)가 일단 말한 것은 넌 무조건 따라야 한다."라는 말은 상황을 힘겨루기로 몰고 간다. 이처럼 강압적인 말보다는 "이 상황에서는 이게 필요하기 때문이야."라고 이해시키는 방식으로 말하라. 자녀의 건강, 안전과 가정의 가치관과 관련되어 있는 상황에서는 자녀에게 한계를 설정해 주도록 하라.

- **대안(alternatives)** "그건 안 돼!"라는 말을 듣기 좋아하는 사람은 이 세상에 아무도 없다. 부모의 임무는 자녀에게 어느 정도 한계를 정해 주고, 그것을 실행하는 것도 포함된다. 그러나 자녀에게 한계를 설정해 줄 때는 부모와 자녀 간에 어느 정도 수용 가능한 대안을 융통성 있게 제시하여 다소 여유를 주면서 제약하는 것이 좋다. 우리는 4주에서 선택권의 위력에 대해 공부하였다. 따라서 자녀에게 제시하는 대안은 선택권의 형식이면 좋을 것이다.

- **결과(consequences)** '느슨한 대결'은 네 단계가 합쳐진 것이다. 그런데

앞에서 소개한 세 단계, 즉 ① 자녀의 느낌에 공감해 주고, ② 한계를 설정해 주며, ③ 다소 융통성 있는 대안을 제시해 주는 것만 적용하여도 자녀들은 부모의 말에 순순히 응하게 된다. 그래서 힘겨루기를 피할 수 있다. 이 세 가지 방법을 사용해도 자녀가 그릇된 행동을 계속하는 경우, 자녀에게 네 번째 방법을 사용하라. 그것은 논리적 결과를 체험시키는 것이다.

자녀 지도의 목적은 부모가 자녀와 싸워서 이기는 것도 아니고, 자녀에게 양보하여 지는 것도 아니라는 점을 기억하라. 부모는 자녀의 적이 아니다. 부모는 자녀와 서로 수용 가능한 모든 해결책을 함께 찾아보는 동지(동맹자)다. 먼저 자녀와 협조적인 관계를 맺고 난 다음에 부모로서 그 상황에 적합한 제약을 가하도록 한다.

● 활 동

'느슨한 대결' 기법을 사용하라

이번 주에는 자녀에게 '느슨한 대결' 기법을 사용할 수 있는 기회를 찾아 보기 바란다. 다음의 사례를 참고하여 다음 장의 빈칸을 채워 보자.

- 느낌 자녀의 느낌을 인정해 주어라

  "너는 밤늦게 하는 그 TV 쇼를 몹시 보고 싶은 모양이구나."

- 한계 그 상황에서 부모가 한계점을 제시해 주어라

  "그런데 너는 밤에 충분한 시간을 자고 쉬어야만 내일 수업 시간에 졸지 않고 공부를 잘할 수 있고, 또 건강하게 자란단다. 그래서 밤늦은 시간에 TV를 보는 것은 안 된단다."

- 대안 대안을 찾아보라

  "아빠한테 좋은 의견이 있어. 아빠가 네가 보고 싶어 하는 그 TV 쇼를 녹화해 둘 테니까, 내일(한가할 때) 보면 어떻겠니?"

- 결과 필요한 경우에는 논리적 결과를 사용하라

  "네가 오늘 밤늦게 그 쇼를 보고 싶은 마음은 이해가 되는구나.

하지만 아빠는 네가 내일 피곤할까 봐 신경이 쓰인단다. 그러니까 아빠가 그 TV 쇼를 녹화해 둘 테니 너는 지금 곧바로 자러 가거라. 그게 싫다면 그 문제를 가지고 아빠와 저녁 내내 실랑이를 벌이느라고 결국은 그 쇼를 못 볼 수도 있단다. 너는 이 둘 중에 어느 쪽을 선택하겠니?"

'느슨한 대결'의 기법을 적용해 본 결과는?	다음번에는 어떻게 보완하고 싶은가?

● 역자의 선물

■ '느슨한 대결'이란?

'느낌, 한계, 대안, 결과'의 첫 글자(FLAC)를 조합해서 기억하기 쉽게 만든 용어가 '느슨한 대결'이다.

느낌 – 한계 – 대안 – 결과 ➡ 느슨한 대결

다섯 살의 자녀가 당신을 따라 슈퍼마켓에 왔다. 집에 장난감이 많이 있지만 아이는 장난감 가게 앞에서 떼를 쓴다. 집에 있는 장난감과 거의 비슷한 것을 사 달라고 조르는 것이다. 이때 당신은 '느슨한 대결' 기법을 어떻게 적용할 것인가? 다음 빈칸에 적어 보자.

- 아이의 느낌(감정)에 공감해 준다.

____

____

____

____

- 부모로서 한계점을 설정해 준다.

____

- 다른 대안을 융통성 있게 제시한다.

- 이 세 가지 방법으로 아이를 설득할 수 없는 경우에는 논리적 결과를 체험시킨다.

※ 해답은 이 책의 '문제 풀이'(p. 308)에 나와 있음.

25주

긍정적인 행동을 격려하기 위하여 긍정적인 '나' 메시지를 사용하라

지금까지는 자녀가 부정적인 접근을 사용하여 어떤 목적(욕구)을 달성하기보다는 긍정적인 접근으로 자신의 욕구를 충족하도록 방향을 바꾸어 주는 여러 가지 방법에 대해서 공부해 왔다. 지금쯤 자녀에게서 긍정적인 변화가 일어나고 있는 것을 당신은 직접 눈으로 보고 있지 않은가?

만약 아직도 자녀에게서 그런 변화의 조짐이 나타나지 않았다면, 아마도 당신은 이 책을 읽지 않았거나, '이 녀석은 도무지 가망이 없어!'와 같은 태도를 취하면서 실망하고 상심해 있는지도 모르겠다.

이상에서 언급된 모든 것들은 '기를 꺾어 주기'라는 주제를 다루게 하는 셈이다. 나이에 상관없이 모든 사람들은 기가 꺾일 때 비생산적이 되고, 부정적으로 되며, 모든 것을 포기하게 된다(나는 집 안의 배관 공사를 할 때 이런 상황을 경험하였다. 이 경험은 *My Life As An Unhandyman*으로 출간되었다).

자녀의 기를 확실하게 꺾으려면 자녀가 열심히 노력하는 것을 무시하면 된다. 그러면 자녀는 '내가 애써 노력할 필요가 뭐람? 부모님은 관심도 없는데!' 라는 태도로 나오게 된다. 부모가 평소의 습관을 바꾸어서 이제부터는 격려하는 습관을 확실하게 익히려면, 자녀가 노력하는 태도를 보이거나, 실제로 어떤 면에서 향상될 때를 눈여겨보도록 하라. 그리고 그 순간을 포착하자마자 곧바로 자녀를 칭찬해 주는 것이다. 이것은 9주에서 '잘할 때 칭찬해 주자' 라는 제목으로 다루었다. 나는 그 점을 다시 한 번 강조하고 싶다.

21주에서는 '나' 메시지라는 의사소통 방법을 익혔다. 이것은 자녀가 그릇된 행동을 할 때 그 점을 부드럽게 직면시켜 주는 방법이다. 여기서는 '나' 메시지의 변형된 형태를 긍정적인 '나' 메시지라고 부르기로 한다. 긍정적인 '나' 메시지 역시 다음의 네 가지 부분으로 구성되어 있다.

- 당신이 마음에 드는 점을 자녀에게 말해 준다.
- 당신이 느낀 점을 자녀에게 말해 준다.
- 그 이유를 자녀에게 말해 준다.
- 당신이 자녀에게 무언가를 (해) 주도록 한다.

이때 유의할 점은 간단하게, 그리고 논리적으로 하라는 것이다. 또 지나치게 과분한 물질을 상금처럼 주어서 자녀에게 마치 대단한 보상을 받은 느낌을 주기보다는, 차라리 자녀도 좋고 부모도 좋은 것으로 하라. 즉, 윈윈(win-win)하라.

● 활 동

자녀가 무언가를 잘할 때 긍정적인 '나' 메시지를 사용하라

긍정적인 '나' 메시지는 간단한 격려의 말보다는 약간 더 복잡한 말로 표현된다. 그러므로 먼저 다음 장의 빈칸에 그 문장을 써 보는 연습을 하고 나서, 자녀에게 실제로 그 말을 해 보도록 하라. 자녀가 진심으로 노력하는 대목을 눈여겨보라. 그리고 이때 부모가 재를 뿌리는 행위는 절대로 하지 않도록 유념하라.

당신이 쓴 문장을 소리 내서 읽어 보고 나서, 그 문장이 마음에 들면 자녀와 얼굴을 맞대고 당신이 느낀 점을 그대로 말해 본다. 그러고 나서 그 경험에 대한 소감을 적어 보도록 하자(이 과제를 하기가 어렵다면, 물이 새는 변기를 수선하는 일과 같은 어려운 과제는 당신에게 아예 부과하지 않겠다). 다음과 같은 요령으로 하기 바란다.

"네가 아침에 샤워를 하고 나서 잊지 않고 욕실의 전등을 끄는 게 참 마음에 든다. 아빠가 전력을 낭비하는 것에 신경이 쓰인다는 말을 네가 기억하고 있어서 기분이 좋구나. 왜냐하면 우리 가정에서는 전력이나 물품을 절약하는 것을 중요시하거든. 우리가 그동안 전력을 절약해서 전기세가 줄어든 만큼의 돈으로 영화를 다운받아 볼 수도 있단다. 돌아오는 주말에는 우리 가족이 함께 시청할 수 있는 영화를 하나 다운받으면 어떨까?"

- 자녀의 행동 중에서 요즘 나아진 행동을 적어 보자.

____

____

____

그리고 다음과 같이 긍정적인 '나' 메시지로 표현해 보자.

- "나는 네가 ________________________________
__________________________ 하는 것이 마음에 든다."

- "그래서 나는 ______________________________
____________________________ 한 기분이 드는구나."

- "왜냐하면 _________________________________
______________________________ 하기 때문이야."

- "자, 네가 _____________________________ 했으니,
우리가 ___________________________ 하면 어떨까?"

- 자녀는 어떤 반응을 보이는가?

____

____

____

※ 역주: 긍정적인 '나' 메시지는 단순한 칭찬의 말보다 훨씬 더 깊게 자녀의 가슴에 새겨질 것이다. '부모님이 나를 이처럼 인정해 주시는구나. 그러니까 나는 꽤 괜찮은 사람이야.' 라는 자신에 대한 이미지가 자녀에게 각인되지 않겠는가?

26주

분노를 잘 다스려라

이성(理性)을 잃지 말고, 이성을 사용하라

분노는 경이로운 정서다. 분노는 '무언가가 잘못되어 가고 있으니 어서 일어나서 어떤 조처를 강구하라.'는 경고다. 문제는 대부분의 사람들이 분노를 처음 느낄 때 그 신호를 무시한다는 것이다.

빨간 액체가 밸브 안에 들어 있는 온도계가 당신의 위장 속에 있는데, 그 온도계가 식도를 거쳐 당신의 입까지 올라오고 있다고 상상해 보라. 분노의 첫 번째 신호는 위장의 밑바닥에서 밸브 안의 빨간 액체가 부글부글 끓어오르는 것으로 나타날 것이다. 이렇게 끓어오르는 분노의 감정을 무시하면, 문제는 악화되고 결국 당신은 폭발하게 된다.

끝내는 온도계의 튜브가 터져서 액체가 분출하고, 당신 입에서는 험악한 말(또는 욕설)이 튀어나올 것이다. 그런데 이와 같은 방식으로 폭발하는 것은 원시적인 협박 전략이다.

인간은 이러한 전략으로 에너지를 활성화함으로써 상대방을 위협해서 강제로 자신의 뜻을 관철시킨다.

부모가 화를 내면 당장에는 신속한 효과가 있다. 그러나 부모가 계속 크게 화를 내면 자녀는 더욱 반항하고, 은근한 방법으로 두고두고 앙갚음하게 된다. 부모는 분노의 감정을 원시적인 방법으로 사용하기보다 긍정적인 훈육 방식의 일환으로 활용할 수 있다. 다시 말해서, 분노 에너지를 활용하여 자녀에게 영향력을 행사하도록 하는 것이다. 이와 같이 신선한 방법을 사용하면 무척 유익할 것이다.

부모가 이성(理性)을 잃으면 자녀와의 힘겨루기에서 지게 된다. 왜냐하면 부모가 이성을 잃고 화를 내게 되면, 자녀가 볼 때 마치 자신이 부모의 감정을 마음대로 조종한 것처럼 느껴지기 때문이다. 그래서 자녀의 어깨가 으쓱 올라가게 되고, 자신이 힘이 있는 존재라고 느끼게 된다.

그러므로 당신은 확고한 마음과 단호한 어조를 유지한 상태에서 어떤 조처를 취하도록 하라. 그러면, '얘야, 나는 너의 적수가 아니란다. 나는 단지 객관적인 방식으로 말하는 거란다.'라는 의미를 자녀에게 전달하면서 당신의 분노는 적당한 수준에서 관리될 수 있다.

● 활 동

화장실 기법

자녀가 눈을 크게 뜨고 노려보면 당신은 화가 더 많이 날 것이다. 그렇게 당신이 화를 낼수록 아이는 점점 더 반항할 것이다. 자녀가 텅텅 소리를 내면 낼수록, 당신은 뚜껑(머리)이 열린다.

이것은 우리 주변에서 심심찮게 연출되는 광경이다. 이것이 고전적인 힘겨루기(power struggle)의 모습이다. 이런 힘겨루기의 악순환에서 빠져나오는 방법은 그런 격돌 장면에서 스스로 몸을 피하는 것이다.

저명한 정신과 의사인 드라이쿨스(Rudolf Dreikurls)는 이런 경우에 대처하는 방식에 관하여 식은 죽 먹기처럼 손쉽고 간단한 처방을 하였다. 그는 심호흡을 한 번 하고 나서 다음과 같은 주문을 외우라고 하였다. '나, 화장실(욕실)에 다녀올게!'

그러고는 실제로 화장실(욕실)에 들어가서 두 사람이 모두 진정될 때까지 시간을 보내는 것이다. 지금 소개하는 (훈육과 관련된) 내용을 복사해 두었다가 화장실에 가지고 가서 반복하여 읽어 보는 것도 좋다. 이성(또는 분노)을 건설적으로 사용하는 방법을 면밀하게 생각해 본 다음에 화장실에서 나온다.

화장실(또는 욕실)은 가정에서도 사적 공간이 허락된 거의 유일한 곳이기 때문에 무척 유용한 장소다. 그러므로 화장실에 들어가서 문을 잠그고 심호흡을 하라. 물론 당신이 화장실에 들어가 있는 동안 어린 자녀가 밖에 혼자 남아 있고, 또 다칠 염려가 있을 경우에는 이러한 충고가 적절하지 않다.

이런 경우에는 "우리 모두 잠시 휴식 시간(time out)이 필요하구나. 각자 자기 방으로 들어가 잠시 동안 혼자 있기로 하자."라고 말하라. 이런 휴식 시간은 힘겨루기를 잠재우고, 흥분된 감정 기어를 바꿔 주는 유머 감각도 다소간 불러일으킨다.

화장실 기법을 사용한 후에 다음의 빈칸에 적어 보자(그리고 손 씻기도 잊지 말기를!).

- 무슨 일로 힘겨루기를 했는가?

- 화장실 기법을 어떻게 사용했는가?

- 자녀는 어떤 반응을 보였는가?

● 다음번에는 어떻게 보완하고 싶은가?

____

____

● 역자의 선물

■ 분노 감정의 관리와 두뇌

인간이 흥분할 때는 감정을 관장하는 두뇌 기관인 변연계(邊緣系)가 활성화되고, 그와 동시에 사고(유추) 기능을 담당하는 전두엽(前頭葉)은 축소된다고 한다.

화가 났다거나 공포심으로 떨게 되면, 아드레날린이 분비되고 심장박동은 빨라지며 혈압이 오르면서 이성적인 생각은 전혀 하지 못하게 된다. 이런 흥분 상태가 가라앉고, 전두엽의 기능이 다시 정상적으로 활성화되기까지는 최소한 3~5분이 걸린다고 한다. 그래서 격렬한 언쟁과 지속적인 갈등상태에 노출될 경우, 마음과 신체의 흥분 상태가 진정되기까지 몇 시간 또는 며칠이 걸릴 수도 있다. 그 뒤에는 에너지가 완전히 소진되는 현상이 나타난다.

그러므로 부모와 자녀가 서로 말다툼으로 큰소리를 내거나 흥분하게 될 경우에는 부모가 먼저 재빨리 그 장면을 떠남으로써 힘겨루기로 이어지는 것을 예방해야 한다. 두 사람이 뒤엉키거나 맞서지 않고, 일단 부모가 먼저 그 자리를 피하는 것이 현명하다. 빨라진 심장박동과 호흡이 정상 상태로 회복될 때까지, 즉 변연계의 기능이 약화되고 전두엽의 기능이 되살아날 때까지 기다리는 것이다. 그런 다음에 다시 자녀와 대화를 시작하도록 하라.

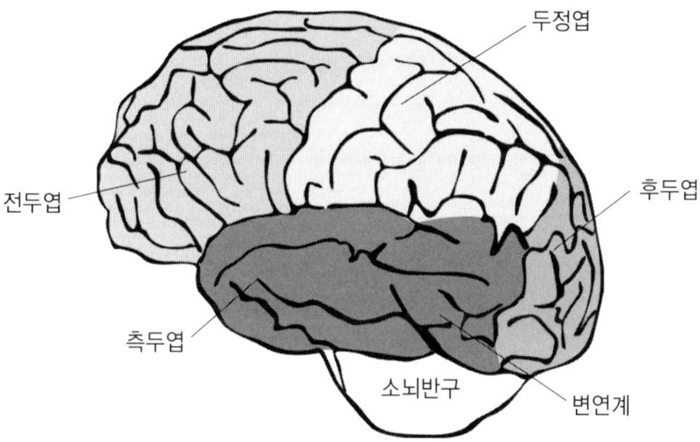

■ 두뇌의 변연계와 전두엽

27주

떼쓰는 행동을 우아하게 다루어라

잘 알다시피 가정에서 열을 올리고 화를 폭발하는 것은 부모들만이 아니다. 자녀들도 좌절감을 느낄 때나 제멋대로 하고 싶을 때는 화를 폭발하고 여러 가지 형태로 떼를 쓰기 마련이다.

학교에서 폭력이 결코 용납되지 않는 요즘 시대에, 현명한 부모라면(자녀가 유치원에서 퇴원당하기를 원치 않는 착한 아이들의 부모 역시) 자녀가 떼를 쓰지 않고 분노 감정을 잘 조절하도록 그 요령을 가르쳐 주는 데 시간을 할애한다.

부모는 그 요령을 가르쳐 주기 위해서 자녀에게 일관성 있게 논리적 결과를 체험시키는 기본적인 가족 규칙을 세워 지키는 일부터 시작하면 좋을 것이다. 예를 들면 다음과 같다.

● 가족 규칙 1 형제끼리 서로 때리지 않는다

논리적 결과의 부과 형제끼리 함께 놀 때는 서로 때리지 말고 놀아라. 만약 서로 치고받는 행동을 하면 각각 자기 방에 들어가 혼자 놀아야 한다(물론 부모 역시 자녀를 때리지 말아야 한다).

● 가족 규칙 2 기물을 부수면, 부순 사람이 보상한다

논리적 결과의 부과 무언가를 내리치고 싶을 때는 깨지지 않는 물건(예: 상자나 베개)을 쳐라. 만약 네가 어떤 물건을 부수면, 네 용돈으로 배상해야 한다.

● 가족 규칙 3 화가 날 때는 예의 바르게 말로써 화난 감정을 표현한다

논리적 결과의 부과 원하는 것이 있으면 떼쓰거나 소리 지르지 말고, 예의 바른 태도와 말로 부탁하라. 그렇게 하지 않으면 네가 원하는 것을 얻지 못할 것이다(부모 역시 자녀들에게 욕설, 저주의 말, 불손한 어조를 결코 사용하지 말아야 한다. 이런 규칙은 부모에게도 똑같이 적용된다).

● 가족 규칙 4 어떻게 해야 할지 잘 알 수 없을 때는 잠시 휴식 시간을 요청한다

논리적 결과의 부과 부모나 자녀가 규칙을 어길 확률이 높은 시점에서는 잠정적인 휴식 시간을 가지도록 하라(서로가 떨어져 있는 시간을 가지게 되면, 화가 나서 충돌하거나 더 큰 언쟁으로 치닫는 것을 예방할 수 있다).

● 활 동

시원한 음료를 마시고 휴식을 취하라

떼를 쓰는 아이들과 실랑이를 벌이고 나면, 당신은 녹초가 될 것이다. 그럴 때는 잠시 휴식을 취해야 한다는 점을 유념하자.

8주에서 다룬 '보살핌을 제공하는 자로서 자기 자신을 보살피기'의 내용을 다시 읽어 보자. 그리고 당신의 에너지가 전부 쏟아져 버린 잔을 다시 채워 줄 수 있는 일을 찾아보도록 하자. 에너지가 소진되었을 때는 이 책의 빈칸에 숙제를 적는 일도 하지 말라.

그래서 이번 주에는 당신에게 숙제도 내 주지 않겠다. 자녀들과 말싸움도 중단하고, 시원한 음료를 마시면서 기분을 전환하라. 잠시 휴식 시간을 가진 후에 다음의 요령을 적용하기 바란다. 그래서 자녀가 분노를 보다 건설적으로 다룰 수 있도록 도와주어라.

- 자녀와 문제점에 대해서 이야기하고, 분노 감정을 잘 다루는 법을 배우는 것이 중요하다고 말해 주어라. 분노는 누구나 느끼는 자연스럽고 정상적인 정서라는 점을 인정해 주되, 분노를 표현할 때 허용되는 규칙에 대해서 설명해 주어라.
- 분노를 적절하게 표현하는 방법에 대해서 합의하라. 가령 "엄마(아빠), 나 화났어요."라고 말하게 하라. 그리고 화가 날 때 소리를 지르거나 기

물을 손상시키지 말고, 차라리 펀치백(punching bag, sand bag)이나 베개를 치라고 말해 주어라.

- 당신이 자녀를 도저히 잘 지도할 수 없을 때는 다음과 같은 방법을 시도해 보라.
  - 자녀에게 조용한 목소리로 천천히 말하면서, 심호흡을 해 보라고 제안하라.
  - 유아인 경우에는 양팔 안에 아이를 부드럽게 껴안고, "이제 좋아질 거야."라고 말하라(특히 통제 불능인 아이에게 이렇게 하는 것이 필요하다. 이것은 신체 접촉을 통하여 마음을 달래 주는 효과도 있다. 그러나 이때 격렬한 아이에게서 박치기로 얻어맞지 않도록 조심하라. 나에게는 아직도 아이에게서 얻어맞은 흉터가 남아 있다).
  - 무언가 생각해 보도록 자녀에게 질문하라. 감정적으로 폭발할 때는 두뇌의 사고 기능이 마비된다. 그래서 자녀로 하여금 무언가를 다시 한 번 생각해 보도록 유도할 수만 있다면 자녀의 감정적 폭발을 잠재울 수 있다. 때때로 유머도 동일한 기능을 한다.

만약에 이러한 방법들이 전혀 쓸모가 없다면, 우아(優雅) 박사와 면담하라. 우아 박사는 아동정신과 의사로서 신경과 전문의다(여기에 소개된 박사의 이름은 내가 재미로 작명한 것이다. 과도하게 화를 내는 아이 중에는 반드시 신경학적인 평가를 받아 보고 전문적인 치료를 받아야 하는 아이들도 있다. 그러므로 일단 병원에 가서 진단을 받도록 하라).

28주

자녀에게 기술을 가르쳐라

자녀에게 자존감과 용기를 심어 주고, 부모와 관계를 돈독히 하는 아주 좋은 방법이 있다. 그것은 어떤 운동을 가르쳐 주거나, 특별한 디저트 케이크나 수프 만들기와 같은 새로운 요리법을 가르쳐 주는 시간을 함께하는 것이다.

자녀에게 기술을 가르쳐 줄 때는 자녀가 배우고 싶어 하는 기술을 자녀의 나이 수준에 알맞도록 정하라. 가령 서너 살짜리 유아에게 엔진을 조립하게 하거나, 십 대 아이에게 선(線) 안으로 색칠하게 하는 것은 적합하지 않다.

부모에게는 소질이 없는 어떤 기술을 자녀가 능숙하게 선보일 경우에, 반대로 부모가 자녀에게 그 기술을 가르쳐 달라고 부탁해도 좋다. 또 이런 활동을 재미있게 변용하여 부모와 자녀가 무언가를 함께 배우는 것도 매우 좋다. 다음에 소개된 단계를 따라 하면 자녀와 함께 시간을 즐기게 되며, 그 효과가 배가 된다.

● 동기화시켜라

부모가 어떤 기술을 시범 보이거나 가르칠 때 열의를 가지고 임하라. 그래서 자녀가 정말로 배우고 싶어 하도록 격려하라. 또 그 기술이 자녀와 온 가족에게 얼마나 유용하게 쓰일 것인지에 대해서 설명해 주도록 하라.

● 적절한 시간을 택하라

부모와 자녀가 모두 바쁜 일로 쫓기지 않는 시간으로 정하라.

● 익혀야 할 기술을 작은 단계로 나누어라

어떤 기술을 배우는 과정을 작은 단계로 나누어 각 단계마다 자녀가 성공을 경험하면서 격려받게 한다면, 자녀는 계속해서 배우고 싶어 할 것이다.

● 시범을 보여 주어라

자녀들은 보고 배운다. 그러므로 각각의 단계를 시범 보여 주어라. 단, "식은 죽 먹기처럼 쉽다."는 말은 절대로 하지 않도록 하라. 당신에게는 그 일이 무척 쉽겠지만, 자녀가 당신 말대로 따라서 해 보아도 잘 되지 않는 경우가 있다. 이런 경우에 자녀는 자신이 바보 같다고 느낄 수 있기 때문이다.

● 자녀가 직접 해 보도록 하라

자녀가 직접 해 볼 때는 자녀 곁에서 거들어 주도록 하라.

● 결과도 중요하지만, 자녀가 노력한 일 자체를 격려하라

"좋아, 아주 잘한다. 그렇게 계속하렴. 우아, 드디어 성공!" 과 같은 격려의 말을 해 주면, 자녀는 자신에 대해서, 또 자기가 잘해 나가고 있는 것에 대해서 가슴 뿌듯해하며, 당신(부모)에 대해서도 무척 좋은 감정을 가지게 될 것이다.

● 함께 일하고, 함께 놀아라

기술 가르치기는 학습을 강화하면서 동시에 놀이처럼 재미있게 즐길 수 있으므로, 부모와 자녀 간에 좋은 관계를 형성하는 유용한 방법이다.

● 활 동

과거를 회상하라. 그리고 현재도……

당신의 어린 시절을 돌이켜 보고, 부모나 조부모가 당신에게 무언가를 가르쳐 주었는지 회상해 보라.

- 부모(혹은 조부모)에게서 무엇을 배웠는가?

- 그 경험을 하면서 좋았던 것은 무엇인가?

- 그 경험을 하면서 싫었던 것은 무엇인가?

- 자녀에게는 어떻게 다른 방식을 사용해 보고 싶은가?

이제 자녀에게 어떤 한 가지 기술을 가르쳐 주는 시간을 가져 보도록 하라. 앞 장에 제시된 일곱 단계를 따라서 실천해 보고 나서, 다음 질문에 답하라.

- 자녀에게 무엇을 가르쳐 주었는가?

- 그 경험을 하면서 어떤 점이 좋았는가?

- 다음번에는 어떻게 보완하고 싶은가?

29주

격려하는 방법을 찾아라

나에게도 고백할 일이 있다. 그것은 내가 덤불에서 많이 맞고 자랐다는 것이다. 자녀를 훌륭하게 키우는 비결을 알고 싶다면, 그것은 바로 당신이 자녀를 격려해 주는 방법을 찾아내는 것에 달려 있다. 소아정신과 의사인 드라이쿨스(Rudolf Drekurs)는 다음과 같이 말하였다.

"식물에게 물이 필요하듯이, 자녀에게는 격려가 필요하다."

사실 어린이에게는 격려가 필수적이다. 격려를 받지 못하면 아이들은 움츠러들어 아무것도 하지 못하거나 말썽을 일으키고, 엇나간 행동을 함으로써 자기 존재를 나타내려고 한다. 이 두 가지 방식이 모두 바람직하지 않은 것은 두말할 필요도 없다.

'격려한다(encourage)'는 말은 '용기를 불러일으킨다(instill courage)'는 뜻이다. 그리고 '용기(courage)'란 단어는 원래 심장(heart)을 의미하는 불어 'coeur'에서 파생되었다. 용기가 있는 아이는 긍정적인 행동을 통하여 목적(욕구)을 달성하며, 위험을 감수하면서도 계속 노력하려는 의지가 있다.

용기가 없는(dis-couraged) 아이는 기가 죽어 있어서 부정적인 방법으로 목적을 달성하려 하거나, 아예 자기 자신을 포기해 버린다.

격려하기는 매우 중요한 주제다. 그러므로 다음 4주 동안 자녀를 격려함으로써 자존감과 자신감을 길러 주는 특별한 방법을 제시하기로 한다. 이번 주에는 간단하면서도 강력한 격려 기법부터 시작하자.

이 책이 당신에게 얼마나 큰 도움을 주었는지에 대해서 짤막한 편지를 써서 저자에게 십만 원짜리 상품권과 함께 우편으로 보내도록 하라. 그러면 저자는 크게 격려받을 것이다. 이건 우스갯소리니까 그만두고……. 짧은 편지는 저자에게 보내지 말고, 그 대신 자녀에게 써서 꼭 보내기 바란다. 아무튼 격려하기는 멋진 활동이다.

※ 역주: 자녀가 어떤 과업을 잘 수행했을 때는 칭찬을 해 주자.
그리고 자녀가 어떤 과업을 잘 해내지 못했을 때는 격려해 주자.

● 활 동

격려의 편지

누군가에게 격려의 편지를 써서 보내면 강력한 효력이 발생한다. 칭찬과 격려의 마음을 단순히 말로써 들려주기보다 글로 써서 편지로 보내면 훨씬 큰 힘을 실어 준다. 자녀가 지닌 장점과 자녀가 그동안 보여 준 진보된 모습에 초점을 맞추어서 짧은 편지를 써 보라. 이때 각각의 자녀가 따로따로 당신의 편지를 받도록 하라. 그런 다음 그 편지를 우편으로 보내거나 자녀의 눈에 쉽게 띄는 곳에 놓아두어라. 그러나 이메일로는 절대로 보내지 않도록 하라.

자녀가 반드시 부모의 친필 편지를 받도록 하라. 그러면 자녀들은 생각날 때마다 언제든지 당신이 써 준 편지를 다시 꺼내어 여러 번 읽어 볼 것이다.

나이 어린 자녀에게는 당신이 쓴 편지를 직접 읽어 주어도 좋다(열 살 된 자녀에게 당신이 쓴 편지를 읽어 주려면, 지난주에 익힌 '기술 가르치기' 기법을 다시 읽어 보고 그 점을 활용하여 편지를 써도 좋다).

● 격려의 편지 쓰기 요령

- 비록 자녀가 완벽한 수준에 이르지는 않았어도, 어느 정도 진보된 면에 대해서만 초점을 맞추어라.
- 진실한 마음을 글로 적어라. 그렇지 않으면 편지 내용이 다소 형식적

인 것이 아닌가 하고 자녀가 반신반의할 수 있다.

- 자녀의 진보된 상황과 당신이 마음에 든 점이 무엇인지에 대하여 구체적으로 적어라.
- 자녀의 긍정적인 행동이 가족에게 어떻게 도움이 되었는지에 대하여 한마디 곁들여라.

그러나 당신의 편지를 받고 나서 자녀가 몹시 좋아하는 내색을 보일 것이라고 기대하지는 말라. 또 편지를 받고 나서 자녀가 갑자기 고분고분해져서 제시간에 잠자리에 들 것으로 기대하지도 말라.

자녀가 기쁜 내색이나 감사의 마음을 겉으로 표현하지는 않더라도, 당신의 편지가 내면적으로는 자녀에게 분명히 힘이 되어 줄 것이다. 마치 땅속의 퇴비가 식물의 뿌리에 영양분을 공급해 주듯이…….

● 역자의 선물

■ 격려의 편지 쓰기 요령 점검하기

다음은 '부모코칭: 적극적인 부모역할' 워크숍에 참석한 부모들이 곧잘 사용한 문구들이다.

다음의 격려 편지에 나온 구절에서 수정할 사항을 찾아서 고쳐 보자.

- "사랑하는 두 아들아!"

- "지난번에 네가 자꾸 무단결석을 해서 내가 몹시 속이 상했는데, 요즘엔 네가 꼬박꼬박 학교에 잘 가서 참 안심이 된단다."

- "네가 벌써 다섯 살이 되어 유치원에 가는구나. 이제부터는 근면하고 성실하며 특히 책임감 있게 살거라."

- "너는 아빠에게 효도하고, 엄마에게 큰 힘이 되어 주었어."

- "너는 요즘 진로 때문에 고민하고 있구나. 사실 요즘 세상이 험해서 모두가 살기 힘드니까 네 앞길이 걱정된단다. 아빠도 네 진로를 고민하고 있단다."

※ 해답은 이 책의 '문제 풀이'(pp. 308~309)에 나와 있음.

■ 부모의 격려와 칭찬 ⇒ 성공 회로

부모의 격려와 칭찬은 자녀가 성공 가도를 달리게 한다. 이것을 적극적인 부모 역할에서는 '성공 회로'라고 한다.

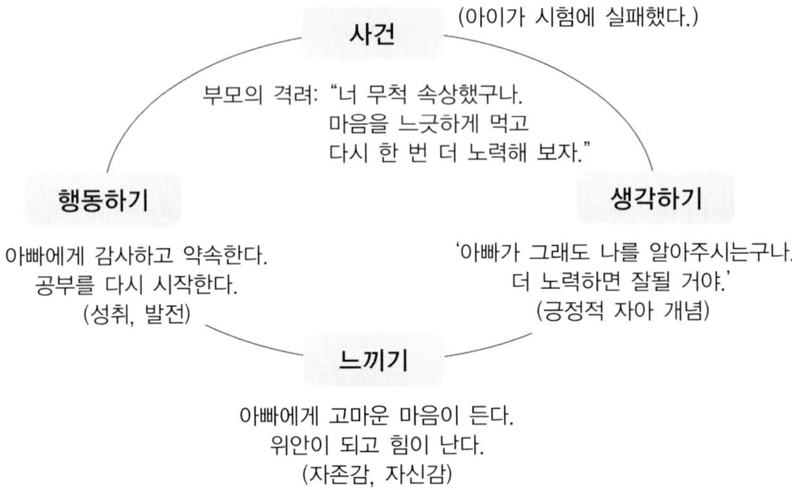

coeur = 심장

용기: 자기가 세운 목표를 위해서 노력하는 데 예상되는 위험을 감수하려는 의지

30주

독립심을 자극하라

위대한 아동심리학자인 지노트(Chaim Ginott)는 “의존성은 적개심을 낳는다.” 라고 말하였다.

그 좋은 예로, 영국 왕 조지 III세(George III)가 있다. 그는 미국을 식민지화하여 영국에 예속시키려 했지만, 미국인은 적개심을 가지고 대항하였다.

이와 반대로 미국의 제퍼슨(Thomas Jefferson) 대통령을 예로 들어 보자. 제퍼슨의 어머니는 육아 서적을 읽고, 자녀의 독립심을 자극하였다. 우리가 알다시피, 제퍼슨 대통령을 통하여 미국이 영국으로부터 독립하는 역사가 이루어졌다.

과도하게 전제적이고 독재자 같은 부모는 통치자처럼 군림하며, 자녀를 마치 노예나 서민처럼 취급한다. 결과적으로 자녀는 반항적으로 되기 마련이다.

이와 반대로 자유방임적인 접근을 취하는 부모는 자녀를 심부름꾼처럼 임한다. 그 결과 자녀들은 부모를 마음대로 휘두르고 버릇없는 꼬마 깡패가 된다.

적절한 부모 역할의 핵심은 자녀에게 '적절한 한계 안에서 자유'를 허용하는 것이다. 자녀들이 점점 성장해 가고 책임감을 느낄 수 있게 됨에 따라, 가장인(authoritative) 부모는 자녀가 스스로 할 일을 결정할 수 있는 권리를 갖도록 점차적으로 더 많은 자유를 허용해 준다.

다음과 같은 방식으로 자녀의 독립심을 길러 주어라.

● 응석을 받아 주지 말라

자녀의 나이와 능력에 맞추어서 할 일을 스스로 하도록 가르쳐라. 양치질하기나 신발 끈 매기와 같은 일은 매일 스스로 하게 하고, 또 심부름도 하고, 아침에 깨워 주지 않아도 스스로 일어나도록 지도하라. 그래서 부모가 일일이 챙겨 주지 않도록 하라. 자기가 할 일은 스스로 하게 하라.

● 과잉보호하지 말라

부모가 반드시 유념해야 할 일 중에 자녀가 도로에서 차에 치이지 않도록 하고, 낯선 사람에게 유괴당하지 않도록 보호하는 것이 포함되는 것은 두말할 필요도 없다. 그러나 자녀에 대한 보호가 지나쳐서 독립심을 길러 주는 일을 가로막아서는 안 된다. 다른 학부모들과 함께 지역사회에서 어떤 것이 안전한가에 대하여 이야기를 나누어 보기 바란다. 그리고 자녀에게 적절한 수준에서 자유를 허용하라.

유아기의 자녀가 돌부리에 부딪혀 다쳤을 때 “아이구, 우리 아가 괜찮아?”라며 놀라서 달려가 일으켜 세우지 말라. 또 아동기 때 상처가 나서 약간 꿰매는 일이 있더라도, 혹은 마음이 상했을 때도, 부모는 자녀를 무조건 보호하려고만 하면 안 된다. 심한 상처를 입지 않았다면, 아이가 자기 힘으로 일어서도록 부모는 곁에서 지켜봐 주는 것이 좋다. 그러한 곤경을 경험한 어린이는 정서적인 근육이 튼튼하게 발달하게 된다. 그러므로 인생에서 살아남고 번영을 누릴 수 있도록 자녀에게 담대한 마음을 길러 줄 필요가 있다.

● 활 동

자녀에게 책임을 부과하라

자녀가 충분히 해낼 수 있는 일을 부모가 도맡아 대신 해 주는 경우가 있지 않을까? 이 점을 깊이 생각해 보기 바란다. 그리고 그런 경우가 있다면, 이제부터는 자녀가 그 일을 담당하도록 넘겨주어라.

저녁 식사가 끝난 다음에 빈 그릇을 싱크대에 넣는 일이라든지, 또는 집안 대청소나 명절 음식 만들기와 같이 가사를 돕는 일 등이 여기에 해당될 것이다(참고로 서양에서는 집의 기와지붕을 수년에 한 번씩 바꾸어 주는데, 가족이 직접 할 경우 장성한 자녀들이 도와준다).

요컨대, 자녀의 나이와 능력 수준에 적절한 일을 부과하라. 이것은 비단 가사를 돕는 일에만 국한되는 것이 아니다. 만일 자녀 방의 바닥에 어질러진 옷을 매번 치워 주었거나, 등교 시간에 늦지 않도록 아침마다 잠을 깨워 주었다면, 앞으로는 이런 일들을 자녀에게 일임해야 한다.

어떤 일을 자녀에게 넘겨줄 것인가를 일단 결정한 다음, 자녀와 얼굴을 맞대고 앉아서 이야기를 나누도록 하라. 단, 유의할 사항은 반드시 격려하는 방식으로 말하라는 점이다. 다음과 같이 말하지 않도록 유의한다.

- "내가 매일 네 뒤치다꺼리하는 것에 진절머리가 난다. 이제부터 저녁 식사 후엔 반드시 네가 빈 그릇을 싱크대에 넣어야 한다. 알았지? 만약 그렇게 하지 않으면 이제부터 용돈은 없단다."

차라리 이렇게 말하는 것이 더 좋다.

- "얘야, 내가 그동안 너를 너무 어리다고 생각했구나. 그래서 줄곧 네 뒤치다꺼리를 해 주었어. 미안해. 사실은 내가 생각했던 것보다 너는 훨씬 더 잘 해낼 수 있었는데 말이야. 그리고 참, 솔직히 말해서 엄마(아빠)는 너의 도움을 받아야겠다. 우리가 저녁 식사를 마친 다음에 네가 도와줄 수 있는 일은 뭘까? 예를 들면, 빈 그릇을 싱크대에 넣어 주겠니? 아니면

부엌 바닥을 쓸어 주겠니? (4주에서 배운 선택권 사용하기를 기억하기 바란다.) 네가 그중 한 가지를 해 준다면 나에게는 무척 큰 도움이 될 거야."

일단 자녀가 당신을 도와주기 시작하면(물론 그것들은 자녀에게는 새로 익혀야 하는 습관이다. 그러므로 당신이 두어 번 더 반복해서 환기시켜 주도록 한다) 반드시 칭찬과 격려를 아낌없이 해 주어야 한다.

- 어떤 일을 자녀에게 넘겨주고 싶은가?

- 자녀가 그 일을 계속해 나가도록 어떻게 격려하고 칭찬하겠는가?

- 그 일이 잘되어 가는가?

■ 부모의 사랑 – 자녀를 본능적으로 사랑해야 하는가 지혜롭게 사랑해야 하는가

한국 사회에서는 아이가 길에서 살짝 넘어지기만 해도 부모가 무조건 뛰어가 일으켜 주는 일이 흔하다. 그리고 그것을 '사랑'이라고 착각한다. 그러나 서양에서는 '과잉보호'라고 간주한다. 엄마가 깜짝 놀라 자신에게 달려오나, 달려오지 않나 하고 눈치를 살피면서 넘어진 아이가 계속 큰 소리로 울며 길바닥에 그대로 주저앉아 있는 광경을 가끔 본 적이 있을 것이다.

이때 아이가 크게 다치지 않은 경우에는 "저런, 넘어졌구나. 괜찮아! 누구든지 길을 걷다가 넘어질 수 있단다. 크게 다치진 않았네. 그럼 옷을 털고 일어서면 돼. 그렇지? 우리 아가 용감하네. 괜찮지?"라고 하면 아이는 아무렇지 않은 듯이 자기 스스로 일어날 수 있다.

부모가 본능적인 사랑을 자제하고, 이와 같이 지혜롭고 절제하는 모습으로 사랑을 보여 주면서 자녀를 양육하면, 자녀의 독립성이 자연스럽게 길러진다.

31주

아가 BANK 기법으로 강점을 구축하라

어떤 심리학과 학생들이 한 교수에게 몰래 실험을 하기로 하였다. 그 교수는 '긍정적인 강화의 힘'에 대한 주제로 강의를 하고 있었다.

학생들은 교수에게서 배운 내용을 자기들이 얼마나 잘 숙지하고 있는지를 교수에게 직접 증명해 보이고 싶었다. 학생들은 그 교수가 강의를 할 때 강단의 반대편에 서서 설명하면, 주의 깊게 경청하고 노트에 기록하고 또 질문에 대답하는 방식으로 임하면서 교수의 강의를 격려하였다. 그러나 그 교수가 늘 강의하던 위치로 돌아오면, 학생들은 관심을 보이지 않고 하품을 하거나 질문에 답하지 않는 반응을 지속하였다.

한 학기가 끝나 갈 즈음이 되자 그 교수는 원래 강의하던 강단의 위치를 떠나 결국은 반대편에 서서 강의하게 되었다.

이와 같이 은밀한 실험에서 나타난 것처럼, 어떤 형식으로든 격려는 강력한 영향력을 미친다. 자녀가 가진 강점과 장점에 대해서 부모가 관심을 가지고 인정해 주면, 자녀는 그 분야에서 뛰어난 진보를 나타낸다. 그러나 부모가 그런 강점에 대해서 관심을 보이지 않으면, 그 강점은 점점 사라져 버린다.

자녀의 강점이 운동이나 예능 분야에 있거나, 학업(공부)에 있거나, 품성(인격적인 면)에 있든지 간에 아가 BANK 기법은 자녀의 강점을 길러 주는 힘이 있다. 당신은 이러한 격려의 힘을 활용하기 바란다. 아가 BANK 기법은 다음과 같다.

1. B(baby step) 익혀야 할 기술을 작은 단계로 나누어라.

2. A(acknowledge) 자녀가 잘하고 있는 부분을 인정해 주어라. 자녀의 평가 기준을 1~10점으로 놓고 볼 때, 부모가 기대하는 수준은 9~10점일 수 있다. 그러나 실제로 아이의 성취 수준은 5점에서 6점으로 향상되었다고 하자. 이런 경우 부모는 자녀가 6점으로 향상한 점을 반드시 칭찬해 주어야 한다. 부모의 기대 수준인 9~10점은 언급하지 말라.

3. N(nudge) 다음 단계로 나아가도록 조금씩 힘을 북돋워 주어라. 누구에게나 발전을 향한 변화를 모색하는 것은 도전적인 일이며, 겁이 나는 행위다. 그러므로 너무 욕심을 부려 자녀를 압박하지 않도록 유념하라. 진보란 일직선상으로 나아가는 것이 아니다. 두 발자국 나아갔다가 한 발자국 뒤로 후퇴하는 현상을 보이면서 조금씩 조금씩 발전해 나가는 것이다.

4. K(keep encouraging) 자녀가 긍정적인 방향으로 계속 나아갈 때마다 "아주 잘했어!" "우아, 대단하구나!"라는 말을 많이 해 주도록 하라. 부모의 격려에 힘입어 자녀가 매 단계마다 작은 성공을 계속하다 보면, 어느덧 자녀의 성취동기가 높아지고 끝내 목표 지점에 도달하게 된다.

이러한 단계들을 합친 것이 바로 아가 BANK 기법이다. 자녀가 익혀야 할 기술을 작은 단계로 나누어 조금씩 계속 격려해 주는 기술은 마치 아가가 걸음마를 배울 때 격려해 주는 것과 유사하다. 그래서 BANK 앞에 '아가'라는 말을 더해 '아가 BANK'라고 하였다.

● 활 동

아가 BANK 기법으로 격려의 예금 잔고를 늘려라

당신의 자녀가 보여 주는 어떤 능력이나 인격(품성)적 특성 중에서 좀 더 계발시키고, 싶은 것에는 어떤 것들이 있는지 먼저 생각해 보자. 그런 다음에 아가 BANK 기법을 활용하여 목적을 달성해 보자.

먼저 자녀와 마주 앉아 어떤 방면에 대해서 더 노력하고 싶은지 논의해 보고, 특정 분야를 선택하도록 하라. 심리학과 학생들의 행동처럼 자녀와 상의

하지 않고, 부모가 은밀하게 자녀를 강화할 수도 있다. 그것은 자녀가 특정 행동을 할 때마다 즉시 격려와 칭찬으로 계속 부추기는 것이다. 그리하여 어느 정도의 시간이 경과한 다음에 부모가 원하는 결과를 보게 하는 방법이다. 다음의 질문에 답해 보자.

- 당신은 자녀가 지닌 능력이나 특성 중에서 어떤 면에 대하여 집중적으로 격려해 주고 싶은가?

- 아가 BANK 기법을 어떤 단계로 나누어서 진행하려고 계획하는가?

- 자녀가 진보를 보여 주고 있는 면에 대해서는 어떤 방식으로 인정해 주려고 하는가?

- 자녀가 다음 단계로 전진하도록 어떤 방식으로 조금씩 힘을 북돋워 주려고 하는가?

- 자녀가 진보할 때마다 계속 격려해 줄 수 있는 방법을 여러 가지로 생각해 보고 적어 보자.

■ 아가 BANK 기법 활용하기

32주

자신감을 보여 주어라

겨울의 매서운 폭풍이 불어오자 어미 독수리는 남쪽을 향해 날아갔다. 그리고 가까운 농장의 닭장에 거처를 구하였다. 날씨가 따뜻해지기를 기다리는 동안 어미 독수리는 알을 낳았다. 그리고 그 알을 닭장 속에 남겨 두고, 자기는 친구들을 만나려고 남쪽 해안으로 날아갔다(여기서 알을 남겨 두고 혼자 떠나가는 대목은 내가 강조하고자 하는 부분이 아니므로, 절대로 그런 행동은 모방하지 말기 바란다).

독수리 알은 어미 닭의 품에서 부화되었고, 아기 독수리는 다른 병아리들과 함께 길러졌다. 이 새끼 독수리는 자기가 '닭'이라고 생각하고, 닭의 행동을 따라 하였다.

즉, 땅을 후벼 파서 벌레를 잡아먹고, 큰 동물이 다가오면 겁을 내고 도망쳤으며, 2~3m 이상은 날지 못했다. 어느 날 새끼 독수리는 친구 닭들과 함께 농장 밖으로 놀러 나갔다. 그때 크고 용맹스러워 보이는 새가 하늘 위를 날고 있었다.

"저게 뭐야?" 새끼 독수리가 질문하자, "아, 저건 독수리란다. 독수리는 하늘의 제왕이지. 우리는 땅에서만 사는 힘없고 별 볼일 없는 닭인데……." 라고 친구 닭이 말해 주었다.

자기 자신이 닭이라고 생각한 꼬마 독수리는 닭장으로 돌아가서 일생 동안 닭처럼 살았다.

내가 묻고자 하는 것이 바로 이것이다. 당신은 독수리를 키우고 있는가? 아니면 닭을 키우고 있는가?

이 동화를 읽고 나서 당신은 '이런 이야기가 실제로 가능할까? 아니겠지.' 라는 듯이 고개를 갸우뚱할 것이다. 자연의 섭리상 당신 생각이 분명히 옳다. 독수리는 철새가 아니기 때문에 겨울에 남쪽으로 날아가지 않는다. 그러나 내가 강조하는 것을 크게 부각하기 위해서 이런 우화를 만들어 낸 것을 이해해 줄 것으로 믿는다.

● 활 동

자녀가 창공을 날도록 하라

자녀에게 자신감(confidence)을 길러 주는 방법은 많이 있다. 자신감이 있다고 해서 곧바로 자녀의 행동이 진보되는 것은 아니다. 그러나 자신감은 자존감(self-esteem)과 용기를 북돋워 준다. 다음과 같은 방법을 사용하라.

● 책임을 양도하라

부모가 "너는 이 정도는 너끈히 해낼 수 있을 거야."라고 말해 주면, 자녀들은 자부심을 느끼게 된다. 자녀가 애완동물을 기르고 싶다고 한다면 자기 힘으로 기르게 하라. 또 아침에 스스로 일어나도록 일임하라. 이때 31주에서 소개한 아가 BANK 기법을 사용하고, 28주에서 소개한 기술 가르치기의 요령을 적용하여 자녀가 그 일에서 성공을 경험하도록 하라.

● 자녀의 의견을 물어보라

부모가 자녀에게 "네 의견은 어떠니? 네 생각을 듣고 싶구나."라고 말하면, 자녀는 부모가 자신을 믿어 준다는 느낌을 받게 된다.

● 자녀의 일을 대신 해 주고 싶은 유혹을 떨쳐 버려라

자녀가 어떤 일을 해내려고 애쓸 때 부모가 끼어들어 그 일을 대신 해 주

지 않도록 하라. 차라리 "너는 그것을 잘 해낼 수 있을 거야."라고 말해 주면서, 부모가 자녀를 믿고 있다는 점을 보여 주도록 하라. 자녀가 땀을 흘리면서 그 문제와 씨름하고 있다면, 부모는 조금만 거들어 주면서 "너는 결국은 해내고 말 거야."라고 격려해 주어라.

이번 주에는 당신이 자녀의 능력을 믿고 있다는 태도를 보여 주는 기회를 만들어 보기 바란다. 그리고 나서 당신이 한 일은 무엇이고, 자녀는 어떤 반응을 보였는지 적어 보자.

어떤 방식으로 자녀의 능력을 믿는다고 표현했는가?	자녀는 어떤 반응을 보였는가?	다음번에는 어떻게 보완하고 싶은가?

33주

있는 그대로의 자녀의 모습을 귀하게 생각하라

So, Why Aren't You Perfect Yet? 이것은 내가 맨 처음에 저술한 책 이름이다. 그 책에서 나는 완벽주의에 대하여 풍자한 글을 썼다. 현대사회에서 사람들은 전심전력을 다하여 다다익선(多多益善), 즉 더 많은 것과 더 좋은 것만 추구한다.

그러나 애써 노력해 봤자 결국에 가서는 기껏해야 약간만 더 나아진 상태로 귀착하는 경우가 허다하다. 나는 그런 경향성을 비꼬는 데 쾌감을 느꼈다고나 할까? 아무튼 '나는 반드시 ……해야만 해!' 라는 강박적인 신념은 성인에게도 해롭거니와 그런 사상이 우리 자녀들에게까지 대물림된다는 것이 참으로 안타깝다.

끊임없이 높은 기대치를 가지고 자녀를 대하는 부모는 자녀가 힘껏 노력하여 어떤 것을 이루어도 별로 달갑지 않다는 식으로 대한다. 그런데 그런 태도는 어린 자녀들의 자존감을 떨어뜨린다. 문제는 손상된 자존감의 파급 효과가 곧바로 드러나는 것이 아니라는 점이다.

부모가 매우 높은 기대 수준을 가지고 자녀를 키우면, 실제로 자녀들은 공부를 잘하는 것이 사실이다. 그러나 그들은 엄청난 대가를 치르고 있는 것이다. 이런 자녀들은 다음번에도 성공하지 못하면 자신은 형편없는 존재가 될 것이라는 두려움을 항상 지니고 살기 때문에, 어떤 분야에서 성공을 해도 자신의 성공을 즐길 줄 모른다. 그리고 '대강 이만하면 된다.'는 생각으로 융통성 있는 기준을 가지고 자족감(自足感)을 느끼는 것을 결코 경험하지 못한다.

이와 대조적으로 공부를 잘하든지 못하든지 간에 상관없이, 부모에게서 무조건적인 수용과 사랑을 받고 자란 사람들은 자존감의 영역에서는 단단한 받침대를 딛고 서 있는 셈이다. 그런 사람들은 성공할 때나 실패할 때나 위축되어 있을 때도, 여전히 자신은 사랑받고 있고 귀한 존재라는 것을 알고 있다 (17주에서 소개한 웨이크필드 선수의 이야기를 기억하라).

무조건적인 수용을 받고 자랐다고 해서 나태해지거나 무책임해지지는 않는다. 그런 아이들 역시 성공하려고 열심히 노력한다. 그러나 그런 사람들은 자신이 이룬 성취나 업적에만 근거해서 인생의 성공 여부를 판단하지는 않는다. 그들은 여러 사람들과의 질적인 관계에서도 행복을 누릴 수 있으며, 지금 있는 그대로의 자기 모습 자체로도 충분히 괜찮은 존재라는 느낌으로 살아간다.

● 활 동

자녀의 모습을 있는 그대로 수용하라

가령 내가 '완벽성'에 대한 책을 저술했다고 하자. 그러면 내 아내는 내가 쓴 그 책이 결코 완벽하지 않다고 말해 줄 것이다. 우리 모두는 성취 지향적인 사회 속에서 살고 있기 때문에, 때로는 부모도 자녀를 있는 그대로 받아들이지 못하고 소중하게 여기지 못할 때가 많다.

이번 주에는 자녀를 있는 그대로의 모습으로 받아들이고, 귀하게 여기는 방법을 고안해 보고 실천해 보자. 나 역시 가정에서 자녀를 존중해 주려고 노력한다.

글쎄, 독자 중에서 이 과제를 완벽하게 해내는 사람이 분명히 있지 않겠는가? 부모의 말과 행동이 일치하여 자녀에게 살아 있는 교과서가 되도록 하는 요령은 다음과 같다.

◉ 인간의 가치와 성취의 개념을 구별하라

당신이 자녀를 사랑하는 것은 공부를 잘해서가 아니라, 당신의 자녀라는 사실 자체 때문이라는 점을 자녀가 알도록 하라. 자녀에게 공부하는 것이 재미있다는 것은 일러 주되, 자녀가 오로지 성적(점수)에만 신경 쓰지 않도록 하라. 또 자녀에게 운동경기를 하는 것이 재미있다는 것을 강조하되, 자녀가 게임에서 이기는 것에만 신경 쓰지 않도록 지도하라.

● 인간의 가치와 그릇된 행동의 개념을 구별하라

'이 세상에 나쁜 아이란 없다. 단지 나쁜 행동을 하는 아이가 있을 뿐이다.' 그러므로 자녀에게 절대로 욕설을 하지 말라. 심지어 훌륭한 별명(예: 박사님)으로 불러 주는 것도 삼가는 것이 좋다(왜냐하면 부모가 자신을 그렇게 멋진 별명으로 불러 주었는데, 자녀는 정작 그 수준에 도달하지 못할 수도 있기 때문이다. 그러면 자녀는 부모가 자신을 형편없다고 생각할 것이라고 지레짐작하게 될 것이 분명하다).

● 자녀의 독자성(uniqueness)에 대해서 감사하라

모든 어린이는 사랑받기에 충분한 개성과 매력을 가지고 있다. 미소 짓는 모습, 큰 소리로 웃는 얼굴, 부모를 볼 때 환히 밝아지는 얼굴 등 수만 가지의 독자성을 가지고 있다. "내 아들(딸)은 아주 특별해." "정말 대단하단 말이야." "너무 좋아."라는 식으로 자녀의 독자성을 알아주고, 또 그 점에 대하여 감사하게 여긴다는 것을 자녀가 느낄 수 있게 해 주어라.

다음 질문에 답해 보자.

● 당신은 자녀의 인간적인 가치(존엄성)와 성취의 개념을 어떻게 구별하였는가(즉, 자녀가 공부를 잘하든 못하든 간에 상관없이 자녀가 귀한 존재라는 것을 어떤 식으로 이해하고 받아들였는가)?

- 당신은 자녀의 인간적 가치와 그릇된 행동의 개념을 어떻게 구별하였는가(즉, 자녀가 때로는 불손한 행동, 비행, 반항 등으로 부모의 속을 썩이더라도, 여전히 당신에게 소중한 존재라는 것을 어떤 식으로 이해하고 받아들였는가)?

- 당신은 자녀의 독자성 내지 독특한 개성을 발견하고, 그것에 대하여 어떤 식으로 감사함을 느꼈는가?

● 역자의 선물

■ 있는 그대로 수용하기와 부모 역할

다음 자녀 양육 방식에 대한 문항을 읽고 적절한 답이라고 생각하는 것을 골라 보자.

1. 놀기 좋아하는 아들(중학교 1학년)이 이번 시험에서 중하위권으로 떨어져서 당신은 몹시 화가 났다. 그래도 있는 그대로의 자녀를 사랑하려고 노력한다. 당신이 어떤 생각을 하는 것이 바람직한가? (　　)

① 다른 것은 다 용납하지만 무슨 일이 있어도 학업 성적만은 좋아야 한다.

② 내 아들의 학업 성적이 저조하면 큰일이다. 내가 대신 고민하고 걱정하기로 한다.

③ 내 아들이 공부를 잘하지 못한다는 사실을 참을 수가 없다. 그래서 분노를 참느라고 고생하고 있다.

④ 내 아들이 공부를 잘하면 참으로 좋겠지만 섭섭하게도 공부를 잘하지 못한다. 내 아들이라고 해서 무슨 일이 있어도 기어코 공부를 잘해야 한다는 법이 어디 있는가? 내 아들은 공부 이외의 분야에서 장점도 많다. 성격이 온순하고, 노력형이고, 손재주가 뛰어나다. 그러니까 이 모든 것을 다 합친 모습이 내 아들이다. 그런 내 아들을 귀하게 여기자고 생각한다.

2. 이상적인 자녀 양육 방식은? (　　)

① 자녀에게 최대한의 자유를 허용하는 방침하에 지도한다.

② 자녀의 일거수일투족에 대해 일일이 한계를 설정해 주고 지도한다.

③ 자녀에게 충분한 사랑을 주기 위해 자녀의 방 청소나 숙제 등을 거의 다 거들어 준다.

④ 자녀에게 일정한 한계 안에서 자유를 허용해 준다.

3. 자녀에게 책임감을 길러 주는 데 적절하지 않은 훈육 방법은? (　　)

① 규칙을 결정하는 데 자녀를 참여시킨다.

② 자녀에게 선택권을 준다.

③ 자기 일은 무엇이든지 자기 스스로 알아서 하도록 내버려 둔다.

④ 자녀가 해야 할 일을 설명해 주고, 정중하게 부탁한다.

4. 부모의 역할에 대한 정의로서 가장 적절한 것은? (　　)

① 자녀가 부모와 조상에게 절대적으로 효도하도록 가르친다.

② 자녀가 미래 사회에서 잘 살 수 있도록 보호하고 준비시켜 준다.

③ 자녀가 출세하도록 높은 학업 성취에만 오로지 전념하라고 강조한다.

④ 활발한 자녀로 길러 주기 위하여 모험과 도전의 기회를 많이 제공한다.

※ 해답은 이 책의 ‘문제 풀이’(p. 309)에 나와 있음.

34주

자녀에게 좋지 못한 것을 걸러 주는 여과기 기능을 하라

당신은 성능이 우수한 여과기(filter)를 좋아하지 않는가? 당신은 여과기에 대해서 별로 깊이 생각해 본 적이 없을지도 모른다. 여과기는 수도관에서 불순물을 걸러 내는 일을 하도록 고안된 정교한 장치다. 수도관을 통하여 불순물이 들어오면, 수질이 오염되어 모든 식재료의 신선도가 떨어지고 우리의 건강을 해치게 된다.

자녀도 하나의 기관이다. 사고(생각)와 가치관과 태도와 감정과 행동으로 구성되어 있는 기관이다. 그리고 부모의 역할 중 하나는 자녀를 유해한 것에 가능한 한 접촉되지 않도록 막아 주는 것이다.

그런데 현대사회에서 이런 과업을 잘 수행하기란 거의 불가능한 것이 현실인 만큼 완벽하게 할 생각은 하지 말자. 그 대신에 자녀에게 해로운 영향력을 미치는 유해 물질과 위험한 가치관을 가능한 한 멀리할 수 있도록 도와주자.

그러고 나서 여러 가지 부모 역할의 기술을 익혀 사용하면, 자녀는 비록 부모의 손길이 미치지 못하는 곳에서 생활하게 되더라도 그런 좋지 못한 것들을 강력하게 거부하고 제어할 수 있는 힘을 가지게 된다.

자녀의 인생에서 부모가 나쁜 것을 걸러 내 주는 성능 좋은 여과기 기능을 할 수 있는 요령은 다음과 같다.

● 자녀의 시청(視聽) 습관을 감독하라

컴퓨터(인터넷)의 규제 장치를 활용하라. 그리고 자녀가 시청할 수 있는 프로그램을 당신의 가치관에 근거해서 결정하라.

● 자녀가 듣는 음악을 점검하라

자녀가 즐겨 듣는 노래의 악보는 상관없다고 본다. 모든 청소년들이 열광하는 노래 스타일은 부모 세대에게는 재미없게 들리기 마련이다. 자녀가 그들 세대의 노래를 좋아하는 것 자체는 괜찮다. 문제가 되는 것은 지나치게 음란하거나 폭력적인 내용의 가사다.

● 자녀가 친구를 선택하는 안목을 기르도록 좋은 영향을 미쳐라

당신의 자녀가 어떤 친구를 선택하는 데 당신이 간섭할 수는 없지만, 자녀가 친구를 선택하는 안목에 대해서는 영향력을 미칠 수 있다. 자녀가 특정한 친구를 만나는 것을 부모가 금지하는 것은 현명하지 못하다(자녀가 비행 아동을 친구로 사귄다 하더라도, 극단적인 경우를 제외하고는 그 친구와의 교제를 눈감

아 주어야 한다). 만약 자녀가 좋지 못한 친구와 사귀는 것을 금지하고 싶을 경우에는 부드럽고 은밀한 방법을 취하는 것이 현명하다.

● 긍정적인 영향력을 행사하라

자녀에게 세상을 살아가는 데 유익한 정보를 제공해 주고, 또 바람직한 가치관을 가지고 경영하는 여러 기관에 대해서 많이 알려 줄수록 자녀의 인생은 풍요로워질 수 있다.

건전한 청소년 단체, 종교(영성) 교육, 스포츠 활동, 존경받는 사회 인사들과 친구들과의 교제 등은 자녀의 인생에 교훈을 준다. 이들과 교류할 수 있는 기회를 만들어 주도록 하라.

● 활 동

시청각 매체 인식 주간

이번 주는 상당히 부담스러운 주간이 될 것 같다. 이번 주 중에 2~3시간을 할애하여 자녀가 시청하는 TV 프로그램이나 인터넷 사이트 등을 당신도 함께 보고, 자녀가 듣는 음악도 들어 보기 바란다.

그러나 절대로 자녀를 판단하거나 비난하지 않도록 하라. 다만 당신의 인식 수준만 높이면 된다. 그런 다음에 자녀와 함께 이야기해 보고, 자녀가 접해도 좋은 내용과 좋지 않은 내용에 대해서 합의점에 도달하도록 노력하라.

그리고 자녀가 "내 친구 대범이는 집에서 봐도 된대요. 그래서 나도 보는 건데 뭐가 나빠요? 왜 우리 집에서는 볼 수 없는 거예요?"라는 식으로 항의하면 결코 양보하지 말기 바란다. 그런 십 대 자녀에게는 다음과 같이 말하라.

"너는 대범이가 아니고, 나는 대범이 엄마가 아니잖니? 우리 집의 가치관이나 규칙은 대범이네 집과는 다르단다. 우리 집에서는 어떤 것들이 허용되고, 허용되지 않는지 우리 함께 이야기해 보지 않을래?"

	TV	영 화	인터넷	음 악
자녀가 시청한 것을 당신이 다시 한 번 시청해 본 내용				
당신의 가치관에 입각했을 때, 대략 괜찮은 것인가? 혹은 나쁜 것인가?				
그 이유는?				
당신은 그런 내용을 어떻게 규제하려고 하는가?				

● 역자의 선물

■ 성공이 성공을 낳는다

"성공하려거든 성공한 사람들과 가까이 하라."

부모는 이 말을 유념하고, 인격적이고 성실하여 개인 생활과 사회 및 직장 생활에서 존경받는 사람들과 자녀가 가까이 할 수 있는 기회를 만들어 주도록 한다. 즉, 성공한 집단 안에 자녀가 소속되도록 부모는 적극적으로 주선할 필요가 있다.

▦ 청소년 자녀와의 말싸움에서 이길 수 있는 부모

청소년기는 논리성이 발달하는 시기다. 부모가 어떤 금지 명령을 내리면 십 대의 자녀는 호락호락 굴복하지 않으며 부모의 말을 무시한다. 뿐만 아니라 청소년 자녀는 부모의 지시가 비논리적이라는 점을 지적하면서 반항한다.

이때 논리적인 설득력이 떨어지는 부모는 자존심이 상한 나머지 자녀에게 화를 내며 강압적이 된다. 그러다가 말싸움에서 자녀를 이길 수 없는 부모는 어쩔 수 없이 자녀의 행동을 묵인하게 된다. 자녀에게 진다는 것은 자녀를 통제할 수 없고, 자녀에게서 존경받지 못하며, 자녀를 소신 있게 지도할 힘을 잃게 된다는 뜻이다. 그 결과는 어떨까?

청소년 자녀는 제멋대로 행동할 것이다. 그리하여 사회생활에 필요한 예절과 책임감과 윤리 의식을 갖추는 데 결함이 생긴다. 최악의 경우에는 자녀가 성공적인 인생행로에서 점점 멀어져 실패자의 길을 가게 될 수도 있다.

그러므로 부모는 당당함과 권위를 지켜야 한다. 그래서 자녀가 따지고 들 때, 올바른 가치관에 대해 청소년의 특성인 논리성에 맞추어 조목조목 설명해 주어야 한다. 그리하여 십 대 자녀가 내면적으로는(겉으로는 부모에게 불손하고 불복종하는 것처럼 행동하더라도) 부모의 말에 설득당하고, 부모를 존경하는 마음을 갖게 해야 한다.

다음과 같은 아들의 항변에 대하여 논리적으로 조목조목 설명해 주는 부모의 역할을 읽어 보고, 그대로 따라 해 보자.

아들(고 1): 내 친구 선민이는 노란 머리에 파마도 하고 찢어진 청바지도 입는데, 나는 왜 그렇게 하면 안 되나요? 그 애 부모님은 부모님보다 수입도 더 많지 않고 학력도 더 낮은데 이해심이 더 많아요. 엄마, 아빠는 구식이에요. 선민이는 귀걸이도 하는걸요. 나도 그렇게 할 거예요.

엄마(또는 아빠): 네가 대학교에 들어갈 때쯤이면 만 18세가 되니까 성인이된다. 그때는 다 네 뜻대로 염색도 하고 파마도 하거라. 그러나 너는 지금 미성년이니까 아직은 부모님의 지도를 받아야 하는 나이야. 엄마, 아빠는 학업에 열중해야 할 시기에 외모에 지나친 관심을 쏟는 것이 너한테 좋을 것이 없다고 생각한단다. 그것이 우리의 가치관이야. 네가 학교 성적을 많이 올리고, 진학에 대해 전혀 걱정하지 않아도 된다고 판단될 때는 그런 문제에 우리가 좀 더 아량을 보여 줄 수도 있단다. 앞으로 네가 원하는 대로 마음껏 멋 부리고 살 날이 수십 년인데, 겨우 2~3년을 참지 못하겠니? 아들아, 지금은 그보다 더 중요한 일에 신경을 써 주면 좋겠구나. 선민이의 부모와 우리는 아주 다른 생활 철학으로 너를 키운단다. 우리의 뜻을 이해하겠지?

35주

품성에 관한 대화

술과 약물

자녀가 7세 이하인 경우에는 이 내용이 해당되지 않는다. 그러므로 부모는 안심하고 술을 즐겨도 된다. 그러나 오늘날 약 90%의 아이들이 술과 기타 약물을 호기심 삼아 사용한다는 사실을 한 번쯤 생각해 보기 바란다.

이들 중 상당수는 결국 중독 상태에 이르고, 술과 약물이 가져다주는 쾌감을 즐기다가 마침내 죽음에 이르고, 또 수많은 부작용과 복잡한 사건에 연루된다.

많은 부모들은 자녀들이 술과 약물에 손대지 않도록 다방면으로 노력한다(지난주에 언급한 '여과기'의 역할을 기억하라). 그러나 자녀가 술, 담배, 약물을 사용하는 장면을 부모가 목격하게 되거나 이미 그런 습관에 젖어 든 경우에 부모는 자녀를 크게 야단치거나 협박하기에 이른다. 그런데 문제는 자녀가 성년(서양에서는 만 18세)이 되어 집을 떠날 즈음에는 부모가 더 이상 꾸중을 할 수 없게 된다는 점이다.

그래서 부모의 간섭에서 해방된 청소년들이 매우 난폭해지고 제멋대로 난동을 부리는 사례가 늘어나는 것이다. 청소년에게는 질책하기보다는, 오히려 설득적인 이야기를 곁들여 훈육하는 것이 더 효과적이다.

나는 이런 유형의 대화를 '품성에 관한 대화(character talk)'라고 하겠다. 왜냐하면 대화의 목적이 단순히 올바른 행동을 하도록 지도하는 데 있는 것이 아니라, 훌륭한 인격과 품성을 길러 주는 데 있기 때문이다. 자녀에게 반듯한 성품을 길러 주기 위한 '품성 대화'의 요령은 다음과 같다.

- 술, 담배, 기타 약물에 대해서 어떤 식으로 자녀에게 말을 꺼낼지를 먼저 계획하라.
- 자녀에게 말해 주고 싶은 내용의 요점을 적어 보라.
- 자녀가 토론에 흥미를 느끼도록 열린(개방형) 질문을 하라.
- 자녀와 그 주제에 대한 대화를 나누면서 공감적으로 경청하라(자녀의 말문을 가로막지 말라).
- 당신의 가치관을 설득적으로 이야기하라.
- 보조 자료를 사용하라.
- 자녀가 긍정적인 말을 하도록 격려하라.

● 활 동

이야기하기와 콜라주 만들기

술, 담배, 기타 약물에 관한 '품성 대화'를 미리 준비한 뒤에, 약 15~20분간 짧게 대화하라. 단 한 번의 대화 시간에 모든 정보를 다루어야 한다는 생각은 바람직하지 않다(품성에 관한 주제가 그리 유쾌한 주제는 아니기 때문이다).

자녀와 한 번에 길게 이야기하기보다는 짧은 대화를 여러 차례에 걸쳐 하는 것이 좋다. 특히, 어린 자녀에게는 말로써 어떤 주제에 대하여 알려 주기보다 손으로 어떤 작품을 만들면서 그 주제의 요점을 터득하게 하는 것이 더 친숙하다.

자녀가 아동일 경우에는 콜라주 기법을 사용해 보라. 말로 설명하고 나서 함께 콜라주를 만들어 보도록 한다. 콜라주는 헌 잡지의 그림이나 신문 광고의 글자를 오려서 작품을 만드는 것이다. 술과 기타 약물에 대한 가족의 가치관을 잘 나타내 주는 주제를 가지고 콜라주를 함께 만들고, 그 작품을 액자 안에 넣어 벽에 걸어 두자. 그렇게 하면 가족의 가치관을 모든 식구가 다시 한 번 되새겨 보는 효과가 있다.

다음에 자녀에게 들려줄 몇 가지 요점을 적어 보자.

- 자녀와의 대화는 잘 진행되었는가? 자녀의 반응은 어떠한가?

- 당신이 대화를 이끌어 간 방식 중에서 마음에 든 점은 무엇인가?

- 다음번에는 어떻게 보완하고 싶은가?

■ 건강한 생활 습관

■ 해로운 생활 습관

36주

우리 가족의 역사

나의 할아버지께서 미국에 처음 오셨을 때 많은 이민자들이 그렇듯이 영어를 잘하지 못하셨다. 그러나 다행인 것은 미국에 먼저 오신 친척 분들이 계셨다는 점이다. 할아버지가 맨 처음 도착하셨던 곳은 미국 동부의 뉴욕이었다. 친척 분들이 계시는 남부 조지아 주 오거스타에 가는 것은 할아버지에게는 큰 도전이었다(여전히 할아버지의 후손들에게 영어는 알아들을 수 없는 어려운 언어였다). 할아버지가 정말 운이 좋았던 것은, 첫째로 오거스타로 가는 기차표가 있었다는 것과, 둘째로 쉽게 알아볼 수 있는 커다란 빨간색 여행가방이 있었다는 점이다. 그래서 할아버지는 기차가 매번 정거장에 설 때마다 기차에서 얼른 내려 빨간색 가방이 수화물 칸에서 그 기차역에 내려졌는지를 확인하셨다. 그리고 마침내 빨간색 가방이 수화물 칸에서 내려졌을 때, 할아버지는 그곳이 오거스타라는 것을 알 수 있었다고 한다.

이 이야기는 아버지께서 내가 어렸을 때부터 들려주셨으며, 이제는 내가 아이들에게 전해 주고 있다. 특별히 우리 가족이 어떻게 미국에 오게 되었는지와 같은, 가족의 역사에 대하여 이야기하고 또 전해 주는 것은 자녀에게 뿌리 의식을 심어 준다. 아이들은 자신들이 결코 혼자가 아니며, 면면히 내려오는 가문의 역사에 뿌리를 두고 있고, 조상들이 있다는 의식을 가지게 된다. 모든 가족은 조상들이 꿋꿋한 의지를 가지고 열심히 살아온 가족의 역사를 지니고 있다. 그런 가족사는 후손들이 스스로의 힘을 길러 가도록 도와주는 역할 모델을 제공해 준다.

물론 소나 말을 도적질하고, 정부에 반역한 조상들의 역사를 가지고 있는 가정들도 있다. 이처럼 무모한 조상들에 대한 이야기를 조심스럽게 들려주면서 모든 인간은 실수할 수 있으며, 후손들은 선조들의 경험을 반면교사로 삼아 좀 더 바람직한 생활 목표를 세울 수 있다고 이야기해 주는 것도 좋다.

● 활 동

"이야기를 들려주세요!"

조상 대대로 전해 내려오는 가족만의 특별한 이야기가 있는가? 그런 가문의 이야기가 없다면, 지금이 가족의 역사에 대한 이야기를 시작하기에 아주 좋은 시점이 될 수 있다. 부모님, 조부모님 혹은 살아 계신 다른 친척 분들과 대화하라(돌아가신 분들은 도움이 되지 않는다. 그분들과 지금도 영적으로 교류하고 있지 않다면!). 그래서 그들이 어떻게 살아왔고, 또 어떻게 오늘의 후손까지 이어지게 되었는지, 또 자녀에게 전수하고 싶은 용기, 창의성 등을 보여줄 수 있는 흥미로운 이야기가 있는지 알아보라. 그리고 자녀에게 이러한 이야기를 들려주는 시간을 가져라.

다음과 같은 질문을 자녀에게 함으로써 그 이야기를 더 흥미롭게 만들 수 있다.

- 이야기 내용 가운데 가장 재미있고 좋았던 부분은 무엇인가?

____

____

____

- 이야기 속 인물의 특성 가운데 무엇이 가장 특별한가?

____

____

____

- 그 인물의 어떤 부분을 존경하는가?

____

____

- 그분들이 가지고 있는 특성이 현재 우리 가정과 가족 안에서 나타나고 있는가?

- 만일 이 이야기를 영화로 만든다면, 누구를 주연으로 할 것인가? 영화 매출의 순이익에서 몇 퍼센트를 받을 것인가? 이익금을 받지 말라는 법은 없다. '창의적인 계산법' 도 있지 않은가?

- 우리 가족의 역사에 관한 이야기를 적어 보자.

■ 조상에 대한 이야기

이번 주 이야기는 팝킨(Popkin) 박사의 조상이 미국에 이민 온 가족사로 시작한다. 우리나라의 경우에는 일제 강점기에 중국과 만주 벌판에서 항일(抗日)운동을 하며 그곳 불모지를 개간한 선조들이 있고, 한국전쟁 때 혈혈단신 무일푼으로 월남하여 피눈물 나는 노력으로 자수성가한 조부모님들이 있으며, 양분된 민족의 사상싸움에 억울하게 희생되고 고생하신 분들도 있다. 또 해방 후 혼란기와 군사정권 시절에 사회가 근대화되면서 많은 제조 공장(신발, 의류 등) 등에 취업하고, 중동과 독일과 베트남 등지로 나가 열심히 일했던 부모님들이 계신다. 무수한 고난과 전쟁의 상처와 배고픈 보릿고개를 넘기고 오늘날에 이르기까지 이어 온 강인한 생명력이 우리들 가문을 유지하게 해 준 것은 대단한 자랑이 아닐 수 없다. 그 시절에 노래하며 뛰놀던 추억담과 고달팠던 눈물의 세월을 이겨 낸 회고담을 자녀에게 들려주는 것은 자신의 가문과 민족의 뿌리 의식을 확인시켜 줄 것이다. 자기 집안의 족보에 대해서 상세한 지식이 있는 어른이 계신다면, 삼국시대, 고려와 조선시대로 거슬러 올라가 자기 성(姓)씨의 근원과 훌륭한 업적을 남긴 조상들의 일대기도 알아볼 수 있을 것이다.

21세기에 들어와 한국은 다문화가정이 엄청난 속도로 증가하고 있다. 여러 나라에서 한국으로 들어와 정착하여 가정을 꾸린 부부들은 자기 문화와 민족의 역사와 전통놀이를 자기 가문의 이야기와 더불어 자녀들에게 들려주는 시간을 반드시 갖도록 지도하는 것이 필요하다.

그리하여 다문화가정에서 자라는 아이들에게 자기 출신에 대한 자부심을 심어 주고, 또 두 나라의 문화와 역사의 특성을 공유하며 세계를 더 넓은 가슴으로 품을 수 있는 비전을 갖도록 지도해 주어야 할 것이다.

37주

자녀의 학교 교육과정에 참여하는 부모가 되자

다음과 같이 무척 쉬운 문제를 풀어 보자. 지난 20년 동안 학교에서 어린이들이 우수한 학업 성취를 보이는 데 가장 중요한 요인으로 작용한 것은 무엇일까? 다음의 다섯 가지 '보기' 중에서 몇 가지를 골라 보자.

a) 교사의 자질
b) 학교의 특성
c) 자녀의 인지 능력(지능)
d) 가족의 수입
e) 부모의 참여

정답을 a), b), c), d)라고 대답하고 e)를 제외했다면, 당신은 이번 주 주제를 읽는 데 실패하였거나, 이 문항이 약간 속임수를 쓰고 있다고 생각했을 것이다. 자녀가 교육을 통하여 최상의 것을 얻고, 또 최선을 다하기 위해서는 학부모로서 자녀의 학교 활동에 반드시 참여해야 한다. 그런데 진정한 의미의 부모 참여란 무엇일까? 부모가 학교행사에 참여한다는 의미에는 다음과 같은 것들이 포함된다.

- 자녀의 학습을 촉진하는 구조화된(그러나 경직되지 않은) 가정환경을 만들어 주기
- 자녀의 성공에 대한 현실적이면서도 긍정적인 기대를 가지고 임하기
- 자녀가 독립적인 사고와 호기심과 문제해결 능력을 가지도록 격려하기
- 자녀의 긍정적인 태도를 격려하기
- 평생학습을 모델링해 주기
- 부모와 자녀 간에 긍정적인 관계를 형성하기
- 학교의 규칙을 지지하기
- 자녀의 학습 양식을 이해하기
- 읽기, 말하기, 듣기를 통하여 자녀의 언어적 발달을 격려하기
- 공부(학습)를 일상생활의 정규적인 부분으로 만들어 주기
- 지지적인 코치가 되어 자녀의 학교 숙제를 도와주기

● 활 동

멋진 내 자녀의 학교생활 인터뷰

자녀의 학교생활에 대하여 얼마만큼 알고 있는지 알아보기 위해서 다음의 질문에 답하기 바란다(만일 당신이 대부분의 부모와 비슷하다면, 당신이 생각하는 것보다 자녀의 학교생활에 대해서 사실상 잘 알지 못할 것이다). 다음의 질문에 답하고 난 후에 자녀와 같이 그 답을 비교하여 보라.

질 문	당신의 답	자녀의 답
지금까지 만난 선생님 중에서 자녀가 가장 좋아하는 선생님은?		
자녀가 가장 좋아하는 과목은?		
자녀가 가장 자신 있게 잘하는 과목은?		
자녀는 학교 과제를 어디에서 하기를 좋아하는가?		
학교에서 가장 친한 친구의 이름은?		
지금까지 자녀가 읽은 책 중에서 가장 좋아하는 책은?		
만일 자녀가 지금 당장 진로를 선택해야 한다면, 어느 분야로 선택하게 될까?		

38주

자녀의 학습 양식

사람들이 공부하는 방식은 제각각이다. 어떤 아이들은 누워서 벽에 다리를 높이 올리고 세계사를 공부하면서 그 내용을 스펀지처럼 머릿속에 쏙쏙 빨아들이며 공부할 수 있다. 또 어떤 아이들은 수학 숙제를 하는 동안 부엌 식탁에 앉아 숫자를 중얼거리는 것을 좋아한다. 음악을 들으면서 공부하기를 좋아하는 아이가 있는가 하면, 이와 반대로 어떤 아이들은 시끄러운 음악을 들으면서 공부하면 정신이 혼란스러워진다고 한다. 어떤 아이들은 직접 눈으로 보았을 때 이해를 잘하는 반면에, 어떤 아이들은 설명을 들을 때 훨씬 더 이해를 잘한다. 또 어떤 아이들은 직접 손으로 만들어 보고 체험할 때 가장 이해를 잘한다.

이처럼 아이들마다 학습하는 방식에 차이점이 있는데, 이것을 '학습 양식(learning style)'이라고 한다. 부모는 자녀의 학습 스타일을 존중해 주어야 한다. 나아가 그러한 특성이 있다는 점에 근거하여 자녀에게 논리적인 설명과 더불어 격려해 주어야 한다. 논리성이란 무엇인가? 그것은 지금 부모교육을 시작한 부모라면, 자녀들에게 “숙제를 하는 동안에는 TV를 보면 안 된다.” 거나 “공부를 하는 동안에는 힙합이나 록과 같은 음악을 들어서는 안 된다.” 라고 말하는 것을 삼가라는 뜻이다. 부모가 생각하는 방식대로 공부하는 것만이 옳은 방법이라고 믿고, 자녀의 학습 양식은 잘못된 방법이라고 생각하면서 그런 방식을 금지하는 것이 실제로는 자녀들의 학습에 방해가 될 수 있다.

교육 전문가들은 각 개인이 가지고 있는 지능의 구성 요소가 각각 다르다는 점을 강조하고 있다. 어떤 아이들은 읽고 쓰기를 굉장히 잘하고 어휘력이 유창하여 뛰어난 언어적 지능을 가지고 있다. 또 어떤 아이들은 수학과 문제해결 능력이 우수하며 뛰어난 수학적 · 논리적 지능을 가지고 있다. 그 밖에도 음악적 지능, 공간적 지능, 신체-운동적 지능(댄스나 스포츠와 같은 신체의 움직임), 대인관계 지능, 심리적 이해 지능, 자연 탐구적 지능이 있다.

부모는 자녀의 약점은 보완하도록 도와주고, 자녀의 강점은 더 키우도록 격려해야 한다. 특별히 부모의 지능 특성과 아주 다른 재능을 가지고 있는 자녀에게 더 민감하게 반응하라. 부모가 글쓰기에 특별한 소질이 있더라도, 자녀는 글쓰기보다 음악을 더 잘할 수 있다. 이와 같은 경우에 부모는 자녀가 글쓰기를 더 잘하도록 도와주면서, 자녀가 가진 음악적 소질과 재능을 인정해 주고 적극적으로 격려하는 것이 중요하다.

● 활 동

자녀의 재능을 확인하기

당신과 당신 자녀가 가진 여덟 가지 다중지능(multiple intelligence)에 대하여 생각해 보자. 그리고 1부터 10까지의 수로 환산해 볼 때 가장 약하다고 생각하면 1, 가장 강하다고 생각하면 10으로 다음의 표에 표시하라. 당신과 당신 자녀가 각 영역에서 어떻게 서로 다르거나 비슷한지를 살펴보라. 그리고 이번 주에 시간을 내어 자녀의 강점을 인정해 주고 격려하는 시간을 가져라.

다중지능	당 신	자녀 1 이름(　　　)	자녀 2 이름(　　　)	자녀 3 이름(　　　)	자녀 4 또는 배우자 이름(　　　)
언어적 지능					
수학적 지능					
음악적 지능					
공간적 지능					
신체-운동적 지능					
대인관계 지능					
심리적 이해 지능					
자연 탐구적 지능					

- 긍정적인 격려의 말
  - 자녀 1: (이름:) ______________________
  - 자녀 2: (이름:) ______________________
  - 자녀 3: (이름:) ______________________
  - 자녀 4: (또는 배우자 이름:) ______________________

● 역자의 선물

■ 말하면서 생각하기
– 공부 걱정을 덜고, 학업에 쉽게 집중하는 기술

오늘날 우리나라 청소년들은 유치원 시절부터 대학을 졸업하고 취업이 될 때까지 20~30년 동안 줄곧 과중한 학습량에 압도되어 힘든 시기를 보내고 있다. 아이들은 공부나 시험을 생각하면 머리가 무겁고 걱정부터 앞선다. 그러다 보니 정작 해야 할 학습에 몰입하지 못한 채 시간만 낭비하고, 실패에 대한 두려움과 불안으로 공부하는 것이 싫어진다. 그리고 '나는 틀렸다.' 는 생각이 자신감의 상실과 부정적인 자아 개념의 형성으로 이어진다.

공부 걱정으로 시간을 낭비하는 일을 없애고 곧바로 학습에 몰두하는 습관을 길러 주는 한 가지 방법으로 '말하면서 생각하기' 가 있다.

말하면서 생각하기는 자기가 할 일을 생각하면서 스스로에게 큰 소리로 독백해 가며 그 일을 수행하는 기술이다. 이것은 원래 주의가 산만한(특히, ADHD) 아동에게 많이 적용되어 왔으며, 다음과 같은 4단계로 독백하는 것을 아동에게 가르쳐 주는 것이다. 이것을 전문용어로는 '자기 교시(self instruction)'라고 한다.

● 1단계: 문제의 정의('문제가 무엇이지?')

자기가 당면한 문제점을 명료화하기 위해서 크게 소리 내어 '지금 무엇이 문제지?'라고 말하면서 생각한다.

● 2단계: 방법의 정의('어떻게 해결하지?')

문제해결 방안을 여러 가지로 생각해 보고, 그중에서 가장 적합한 방안을 선택하여 실천 계획을 세운다. '가만 있자, 이 문제를 해결하는 데는 어떤 방법이 있을까?' '이 문제와 관련된 정보를 어디서 구할 수 있지? 누구에게서 도움받을 수 있을까?' '가장 먼저 무엇을, 어떻게, 언제, 어디서 해야 하지?'

● 3단계: 자기평가와 강화('나는 계획대로 잘하고 있는가?')

2단계에서 결정한 방안대로 잘 실천하고 있는지 수시로 점검하기 위해서 다음과 같이 큰 소리로 말한다. '나는 계획한 대로 잘 해내고 있나? 무엇이 빠졌지?' '혹시 방해 요소는 없나? 어떤 도움이 필요하지?'

● 4단계: 오류의 수정('내가 잘 해냈는가?')

원래 세웠던 목적을 무난히 달성하였는지를 스스로 평가하기 위해서 다음과 같이 독백한다. '내가 문제를 잘 풀었는지 한번 훑어보자.' '이번 경험을 통해서 배운 것은 무엇일까? 다음번에 또 이런 문제가 생긴다면 어떻게 보완할까?'

그런데 '말하면서 생각하기' 내지 자기 교시의 기술을 자녀에게 가르쳐 줄 때 유념할 점이 있다. 자녀가 해야 할 행동에 대하여 부모가 일러 주는 말을 자녀가 기계적으로 따라 할 것이 아니라, 자녀 스스로 그 의미를 깨닫고 내면화하면서 암송하도록 지도해야 한다. 특별히 산만한 아동의 경우에는 독백할 내용을 순서대로 완전히 암기하여, 자동적으로 그 말이 튀어나오도록 완전학습을 시켜야 한다.

■ '거북이 심상법'과 '말하면서 생각하기'

충동적이고 주의 산만한 아동은 자신이 무슨 일을 해야 하는지 생각해 보지 않고 기분 내키는 대로 행동한다. 그리고 주위의 자극에 관심이 쏠린 나머지 다른 친구들을 방해하거나 엉뚱한 행동을 한다.

그래서 우수한 지능을 타고나도 학업 성적이 저조하고, 또래 친구로부터 따돌림을 당하며, 교사와 부모에게서 수없이 야단맞고 비판을 받는다. 이런 아동들에게는 무작정 행동하기 전에 한 번 멈춰 서서 먼저 천천히 생각해 보고, 자신이 할 일을 알아차린 후에 해야 할 일에 집중하도록 습관을 들여 주는 것이 매우 유용하다.

이때 부모는 자녀에게 '거북이 심상법'을 설명해 주는 것이 좋다. "얘야, 느림보 거북이가 빨리 달리는 토끼를 이겼지? 왜 그럴까? 그건 말이지, 거북이는 무작정 뛰는 것이 아니라 먼저 신중하게 생각했기 때문이란다. 거북이는 자신이 갈 길을 정한 다음에 쉬지 않고 꾸준히 앞으로 나갔단다. 그러니까 너도 거북이처럼 행동하는 것을 연습하면 실수하지 않고 공부나 다른 일도 잘 해낼 수 있단다." 이런 설명을 해 준 다음에 자녀에게 실제로 거북이처럼 몸을 움츠려 보라고 지시한다. 그리고 자녀의 마음도 이완시키기 위해서 "하나, 둘, 셋" 하면서 심호흡을 하라고 한다.

그러고 나서 "나는 지금부터 느린 거북이보다 더 느리게 갈 거야."라고 소리 내어 독백하라고 지도해 준다. 이어서 '말하면서 생각하기'의 4단계를 차례차례로 완전히 외우도록 지도한다.

"내가 할 일이 무엇이지?" → "어떻게 하기?" →

"내가 잘하고 있나?" → "내가 잘했나? 혹시 고치야 할 것은 없나?"

거북이 심상법을 이용한 회상카드

다음과 같은 4단계의 회상카드를 만들어 주고 자녀가 순서대로 독백하도록 지도하면, 자녀가 학습 과제에 쉽게 몰입할 수 있다.

출처: 홍경자(2004). **청소년의 인성교육**. 학지사. pp. 261-264.

■ 어떤 사람이 공부를 잘하는가 – 학업 성취 요인

학업 성적이 좋아야 좋은 대학과 좋은 직장에 들어갈 수 있는 것이 우리의 현실이다. 성인이 되어도 각종 자격증을 취득하고 제2, 제3의 직업을 준비해야 하는 현대인들에게는 너 나 할 것 없이 실력과 공부가 매우 중요한 삶의 과제가 되었다.

그러면 어떻게 하면 공부를 잘할 수 있을까? 어떤 사람들이 공부를 잘하는지 알고 나서 자녀의 학습 지도를 도와준다면 매우 유용할 것이다.

자녀의 학업 성취 또는 학교 성적은 여러 가지 요인이 복합적으로 장기간에 걸쳐 작용하여 나타나는 산출물이다. 자신의 지적 수준보다 저조한 성적을 보이는 학업부진아(under–achiever)나 자신의 지능 수준보다 월등하게 높은 성적을 보이는 과진아(over–achiever)가 되기까지 학업 성취에 영향력을 미치는 요인은 다음과 같다.

- **지 능** 지능은 학업 성취를 좌우하는 절대적인 조건이 될 수 있다. 일반적으로 수재아(IQ 130 이상)는 공부를 잘할 수 있으나, 정신지체아(IQ 70 이하)는 학업 성취에 많은 어려움을 경험한다. 그러나 학교 성적이 뛰어나지 못하다고 하여 그 학생의 지능이 낮다고 단정해서는 안 된다. 오늘날 지능의 개념은 다중지능으로 바뀌고 있다.

- **창의성** 창의성이 높은 사람은 높은 학업 성취를 보이는 경향이 있다. 창의성은 후천적으로 환경의 영향을 받아 계발될 수도 있다.

- **학습 준비도** 학습 준비도가 잘되어 있으면 선수학습(先修學習)의 경험이 있고, 신체적 · 지적 발달 수준이 성숙한 단계에 도달해 있기 때문에 공부를 잘할 수 있다. 이런 의미에서 기초 학력의 보강은 필수적이다.

- **성취동기** 성취동기가 높은 아동은 높은 학업 성취를 보인다. 성취동기 역시 성장 과정 중에 여러 가지 요인에 의해 향상될 수 있다. 학습과 관련한 성취동기란, 쉽게 말해서 공부에 대한 욕심을 말한다.

- **긍정적인 자아 개념** 긍정적인 자아 개념을 가진 아동은 우수한 학업 성취를 보이는 경향이 있고, 부정적인 자아 개념을 가진 아동은 성적이 저조한 경향이 있는 것으로 나타났다. 아동의 자아 개념은 부모의 양육 태도에 따라 형성된다.

- **적성과 흥미** 자녀의 적성과 흥미가 학과목과 일치할 때 그 학과목에서 높은 학업 성취를 보일 수 있다. 그러므로 자녀가 성적이 저조한 것은 자녀의 우수 적성과 흥미가 비학문적 영역(예: 공간-지각적 지능, 동작성 지능, 대인관계 지능, 감성 지능, 특수 지능)에 있기 때문이 아닌지 살펴보아야 한다. 이와 관련하여 학습장애의 여부도 알아보아야 한다.

- **인지 양식** 인지 양식이 장(場) 의존적인가, 장 독립적인가? 이에 따라 학습 양식도 다르다는 것을 인식할 필요가 있다. 장 의존적인 사람은 사

물을 전체적인 관점에서 파악하고, 대개 인문사회 계열의 학과목을 좋아하며, 또래나 교사와 더불어 학습하기를 선호한다. 한편 장 독립적인 사람은 사물을 세세하게 분석적으로 관찰하고, 대개 이공계열이나 자연계열의 학과목을 좋아하며, 자기 혼자 학습하기를 선호한다. 그리고 숙지하는 유형에도 빨리 이해하지만 정확성이 떨어지는 유형, 늦게 이해하지만 여러 번 공부하여 완전학습을 하는 유형, 이해도 느리고 정확성도 부족한 유형이 있다. 학과목의 성질과 관련하여 이러한 개인차를 고려하면서 지도해야 한다.

- **사려심과 심리적 안정감**　충동적이고 주의 산만한 성격의 아동은 ADHD 아동과 마찬가지로 저조한 학업 성적을 보이기 쉽다. 이에 비하여 사려심과 심리적 안정감이 높은 학생은 좋은 성적을 나타낼 가능성이 높다. ADHD 아동의 충동적인 성격을 개선하기 위해서 부모가 식이요법을 철저히 관리하는 것도 효과가 있다.

- **적절한 각성 수준과 불안**　적절한 각성 수준과 어느 정도의 불안 및 긴장 상태는 최대한의 학습 효과를 올리는 데 영향을 미칠 수 있다. 그러나 지나친 불안과 걱정은 학업 성취를 저해하며, 특히 시험불안은 낮은 성적을 가져오는 원인이 되기도 한다.

- **적절한 교재 선택과 교수 방법**　교재는 자녀의 지적 수준에 알맞은 것으

로 선택하고, 자녀의 능력상 취약점으로 보이는 면을 보강해 주는 방식으로 개별 지도할 때 최대의 학습 효과를 올릴 수 있다. 학교의 보충수업이나 학원 등의 과외 지도 역시 같은 원리가 적용되어야 한다. 교사가 재미있고 열성적으로 가르치며, 아동 개개인에 대해 관심과 배려로써 지도하면 성적이 향상될 수 있다.

- **학업 성적에 대한 현실적인 포부 수준과 기대 수준**   아동이 학업 성적에 대하여 현실적인 포부 수준(Level of Aspiration: LOA)을 갖도록 지도할 때, 학습 의욕을 고취시킬 수 있다. 가령 자녀의 평균 실력이 70점인데, 아이가 95점으로 올리겠다고 정한다면 학습 의욕을 잃을 수 있다. 부모 역시 자녀의 학업 성취에 대하여 기대하는 수준이 비현실적으로 과도하게 높지 않아야 한다. 부모의 과도한 기대 수준(Level of Expectation: LOE)은 자녀에게 좌절감과 부정적인 자아 개념을 형성시킬 소지가 있기 때문이다.

- **적절한 학습 방법**   자녀의 학습 방법이나 공부하는 요령을 점검해 볼 필요가 있다. 효율적으로 수업에 임하는 요령, 복습 및 예습 요령, 노트 정리 요령, 시험 준비와 시간 관리 요령을 익혀서 실천하면, 똑같은 노력을 하더라도 훨씬 더 좋은 성적을 받을 수 있다.

- **안정된 심리 상태**   심리적 고민과 갈등이 있거나 이성 교제와 같은 급격한 생활상의 변화가 있을 때 학업 성적이 갑자기 떨어지는 현상이 나타날

수 있다. 심리적 고민에서 해방되고, 명랑하고 안정된 심리 상태를 회복하기 위하여 목욕, 산책, 음악 감상, 상담(카운슬링), 명상, 기도 등의 방법을 활용하도록 지도한다.

- **지적 자극이 풍부한 환경** 지적으로 자극이 풍부한 환경은 높은 학업 성취와 예술적 창조성을 꽃피우는 풍토를 제공한다. 대도시의 학교와 지적 수준이 높은 부모의 가정에서 자란 학생들의 실력이 우수한 것은 이러한 이유 때문이다.

이상에서 살펴본 여러 가지 요인에 비추어 볼 때, 자녀가 어떤 면에서 공부하는 데 강점이 있고 또 약점이 있는지 먼저 검토한 후에 적절한 지도를 할 필요가 있다.

출처: 홍경자(2004). **청소년의 인성교육**. 학지사. pp. 393-396.

39주

가정 규칙의 중요성

가정 규칙이란 자녀가 살아가는 가옥의 뼈대 내지 구조물과 같은 것이다. 가옥의 뼈대 내지 구조물은 다른 여러 건축 부분을 지탱해 주는 역할을 한다. 구조물이 튼실하고 잘 짜여 있다면, 가옥을 지탱하는 데 필요한 다른 부분을 잘 받쳐 줄 수 있다. 만일 당신이 초원 위에 지어진 원두막에 살고 있다면 폭풍이 불 때 원두막은 쉽게 흔들리고 무너져 버릴 것이다. 이러한 복잡한 설명은 일단 접어 두고, 내가 말하고자 하는 것은 자녀가 보내는 시간과 장소와 행동에 관한 가정의 규칙을 세워 두라는 것이다.

- **시간 규칙**　날마다 하고 있는 일상적인 일과에 대한 규칙을 세우는 것은 아이들에게 안전감을 제공하고, 또 좋은 생활 습관을 형성하게 해 준다. 자녀가 나이를 먹어 감에 따라 매일의 일과에 대한 엄격한 규칙을 조금

씩 줄여 주고, 자녀 스스로 일과표를 작성하여 실행하도록 지도해 주어야 한다. 일상적인 일과에 대한 시간 규칙에는 기상 시간, 취침 시간, 주말 여가 시간 및 중요한 활동 시간(예: 학원 시간, 봉사 시간) 등이 있다.

- **장소 규칙** 자녀가 자신의 방을 정리하도록 도와주어라. 그리고 잘 정리된 자녀 방의 모습을 사진으로 찍어 놓기를 바란다. 말끔하게 정리된 자녀 방을 사진으로 찍어서 벽에 붙여 두면 깨끗하게 정리된 방이 어떻게 생겼는지조차 기억하지 못할 정도로 뒤죽박죽되었을 때 자녀가 잘 정돈된 방의 모습을 기억할 수 있다. 자녀가 어릴 때부터 자신의 물건을 정리하는 습관을 가지게 하라. 비가 와서 외출하기 어려운 한가한 주말 오후에 자녀들의 방과 서랍, 책장을 들여다보라. 그리고 '모든 것을 제자리에'라는 규칙과 가족만의 '정리 정돈의 원칙'을 만들어 가라.

- **행동 규칙**(규율과 행동 지침) 자녀에게 어떻게 행동해야 하는지에 대한 규율과 지침을 만들어 주는 것은, 자녀로 하여금 앞으로 어떤 행동을 해야 하는지, 그리고 어떻게 처신해야 그러한 기대를 만족시켜 줄 수 있는지에 대하여 알아 가도록 도와준다. 이러한 규율과 행동 지침에는 식사 시간에 지켜야 할 행동과 하지 말아야 할 행동, 안전에 대한 행동 지침, 건강에 관한 규율과 지침 등이 포함된다.

- **주의 사항** 당신은 너무 엄격한 규칙을 강요하는 편인가? 아니면 너무

느슨한 규칙을 적용하는 편인가? 사람들은 대개 어느 한쪽 방향으로 치우칠 수 있다. 중요한 것은 중용(中庸)과 상식의 선에서 벗어나지 않는 한도 내에서 다소 융통성 있는 가정 규칙을 만들어 가는 것이다.

●활 동

일상적인 일과에 대한 규칙을 수립하라

예를 들어, 취침 시간에 대한 규칙과 같이 어느 정도 일관성이 필요한 일과를 선택하라(반면 평소에 너무 엄격한 규칙을 자녀에게 강요했다면, 그러한 부분을 좀 더 융통성 있게 조절해 줄 수 있는 부분을 선택하라). 다음 장의 표에 다양한 일상적인 일과의 측면을 고려하여 적어 보라. 그리고 그러한 부분이 어떻게 지켜지고 실행되는지 평가해 본 다음에, 당신의 경험에 비추어 적절히 조정할 수 있도록 하라(예: 아침에 일어나서 등교 준비하기, 방과 후부터 저녁 식사 때까지의 일정, 취침 시간).

일상적 일과의 단계	진행 정도(어떻게 지켜지고 있는가?)	조정할 부분(만약 조정이 필요하다면 어떻게 조정할 것인가?)

40주

숙제 시간에 대한 규칙

만일 당신이 자녀에게 숙제를 하든지 아니면 놀거나 빈둥대는 것 중에 먼저 할 것을 선택하라고 했을 때, 자녀가 숙제를 먼저 하겠다고 했다면 분명히 무언가 크게 잘못된 것이다. 그런 경우는 전문적인 도움을 받아 보아야 할 것이다! 현실적으로 볼 때 대부분의 아이들은 학교와 학원 숙제란 사악한 마귀들이 자기들을 괴롭히기 위해서 발명해 낸 것이라고 믿고 있다는 사실을 직시하라! 혹은 에덴동산에서 아담과 이브가 사과를 따 먹은 것에 대한 신의 처벌로 숙제가 주어진 것이라고 생각할 수 있다.

아무튼 수많은 교육학자들이 학생들의 머릿속에 지식을 주입시키는 방법으로, 숙제 이외의 어떤 특별한 방법을 고안해 내기 전까지 학교 숙제는 여전히 존재할 것이다. 그러므로 가정에서 학교 숙제와 학원 숙제에 대한 효과적인 규칙을 세우는 일은 어찌 보면 부모로서 매우 당연한 일이다. 다음과 같이 몇 가지 유용한 요령을 제시해 본다.

● 자녀가 조용히 숙제할 수 있는 장소를 선택하도록 도와주어라

책을 읽기에 적절한 채광과 책상 또는 탁상을 준비하라. 자녀의 학습 양식을 존중해 주되, 그 공간이 소음에 노출되어 있는지의 여부를 확인하라.

● 정기적인 숙제 시간을 정하는 것에 자녀가 동의하도록 하라

어떤 아이들은 학교에 다녀온 후에 곧바로 숙제를 하는 반면에, 또 어떤 아이들은 휴식을 먼저 취하거나 좋아하는 활동을 먼저 하고 난 다음에 숙제를 하기도 한다. 저녁을 먹고 잠시 쉬고 난 후에 숙제를 하는 것도 좋다. 그러나 잠자리에 들기 전에 부랴부랴 5분 만에 숙제를 하는 것은 별로 바람직하지 않다.

● 자녀가 '오늘 해야 할 일 목록' 을 만들어 가도록 도와주어라

어렸을 때부터 그날그날 해야 할 일들을 단순히 기억에 의존하기보다는 쪽지에 적어 두는 습관을 들이면 무척 편리하다. 이를 위해서는 필기도구와 종이만 있으면 된다.

● 언제든지 요청하면 자녀의 숙제를 도와주되, 부모가 자녀의 숙제를 대신 떠맡지는 말라

항상 자녀와 숙제를 함께하거나 항상 도와주지는 말라. 만일 자녀의 숙제

를 매번 도와주고 있다면, 아마도 자녀의 대학에도 함께 진학해야 할 것이다. 평소에 자기가 할 일을 스스로 하게 하되, 자녀의 나이가 점점 들어 가면서 정말 도움이 필요할 경우에는 누구에게 도움을 요청해야 하는지 그 요령을 알려 주는 것이 자녀를 가장 잘 도와주는 길이다.

● 활 동

숙제 평가 프로젝트

그럼 이번 주 여러분을 위한 숙제는…… 잠깐만, 내가 이 책에서 '숙제'라는 용어 대신에 '과제 활동'이라는 용어를 많이 사용한 점을 주목하기 바란다. 그 이유는 성인들도 숙제하는 것을 아이들만큼 싫어하기 때문이다. 우리가 어렸을 때도 그랬지만, 어른이 되어서도 숙제하는 일은 여전히 성가신 일이다. 그러니까 숙제라는 말 대신에 '가정에서의 활동'이라고 말하면 조금 다른 이야기가 된다. 그러므로 이번 주 '가정 활동'은 자녀의 숙제 일과와 당신의 역할을 평가하는 것이다. 그리고 필요한 경우에는 자녀에게 협조를 구하여 숙제 일과를 조정하도록 하라. 만약 애완견을 돌보느라고 숙제 평가를 그날 수행하지 못하였다면, 그날의 활동은 하지 않은 것으로 해야 한다(자녀가 숙제하기를 오래전부터 잘 이행해 오고 있다면 그대로 시행하면 된다).

- 자녀가 규칙적으로 숙제하는 시간이 정해져 있는가?

- 숙제를 할 수 있는 적절한 장소가 있는가?

- 숙제하기와 공부하기에 적절한 채광이 드는 자리에 책상이 준비되어 있는가?

- 자녀가 '오늘 해야 할 일 목록'을 만들어 두었는가?

- 자녀에게 도움이 필요할 때, 당신은 언제라도 숙제 활동을 도와줄 수 있는가?

- 당신은 혹시 자녀의 숙제를 너무 많이 도와주고 있지는 않은가?

- 당신은 자녀의 숙제에 관심을 가지고 있다는 것을 표현하는가?

41주

자녀의 담임선생님과 협력하라

당신이 학교 선생님이라고 가정해 보자. 지금까지 한 번도 만나 본 적이 없고 연락도 없던 학부모가 자녀의 문제로 갑자기 당신을 만나러 왔다고 생각해 보라. 그 어머니의 표정과 어조만으로도 당신을 별로 좋게 생각하지 않는다는 것을 쉽게 알 수 있을 것이다. 실제로, 그 어머니가 자녀에게 문제가 생긴 것이 선생님 때문이라고 생각하고 있다는 것을 알게 된다면 당신은 굉장히 불쾌해질 것이다. 학부모가 당신을 공격하는 상황이 되면, 자신을 보호하기 위해서 거의 모든 사람이 그렇듯이 당신 역시 매우 방어적으로 나올 것이다. 두 사람 간에 불쾌한 말이 오가는 상황이 될 수도 있고, 간접적인 표현이라도 그 때문에 미묘한 상황이 될 수도 있다. 그러나 결과는 동일하게 나타날 것이다. 그것은 어느 누구도 그 학생을 도와주거나, 그 학생이 겪고 있는 고통에는 거의 초점을 맞추려 하지 않을 것이라는 점이다.

자, 이제 또 다른 학생의 학부모가 당신을 찾아왔다고 가정하자. 이 부모는 학생의 학교 활동에 적극적으로 봉사하고, 항상 당신을 볼 때마다 힘을 주고 격려하는 말을 건네며, 당신이 자녀를 가르치고 돌보아 주는 것에 진심으로 감사한다고 말하곤 하는 분이다. 그런데 이번에 그의 자녀에게 문제가 생겨서 당신을 만나러 왔다. 더구나 이 분은 팝킨 박사의 '협력적인 문제해결 모델'을 사용하여 자녀를 도와주고자 한다. 당신은 이 상황에서 어떻게 할 것인가? 아마도 당신은 그 학생을 위한 최선의 문제해결 방법을 찾아보려고 부모와 함께 노력할 것이고, 또 당신이 그 부모와 학생을 도와줄 수 있다는 사실에 보람을 느끼고 마음이 흐뭇해질 것이다.

당신은 혹시 이처럼 훌륭한 협력적 문제해결 모델이 나에게도 있었으면 얼마나 좋을까 하고 생각하지는 않는가? 그런 소원만 가지고 앉아 있지 말고, 이제부터는 다음과 같은 조치를 취하면 된다.

- 담임선생님을 찾아가 만날 수 있는 약속 시간을 정하라.
- 자녀가 학교생활을 잘할 수 있도록 도와주기 위해서 자녀를 위한 공동의 목표에 초점을 맞추어라.
- 선생님을 만나러 가기 전에 미리 당신이 염려하는 사항을 적어 보라.
- 담임선생님이 자녀의 상황을 어떻게 보고 있는지 물어보라.
- 선생님과 공통되는 부분을 찾아보라.
- 문제에만 초점을 두지 말고, 해결책을 제시하라.
- 문제를 해결하기 위한 절차와 행동 지침에 동의하라.

• 문제해결을 위해서 어떤 행동을 할 것인지에 동의하라.
• 이후에 자녀에게서 개선된 부분이 있었는지 알아보고, 꾸준히 감독하라.
• 추후에 담임선생님과 다시 만나서 현재의 상황을 평가하라.

● 활 동

자녀의 담임선생님을 격려하라

우리 모두는 누군가로부터 격려받는 것이 필요하듯이, 학교 선생님들도 마찬가지다. 실제로 나의 자녀나 당신의 자녀를 막론하고, 모든 아이들이 학교에서 잘 지내며, 선생님의 말씀을 잘 듣는 것은 아니다. 그러므로 우리는 선생님을 좀 더 격려해 주어야 한다. 자녀의 담임선생님을 격려해 주면 다음과 같이 유익한 점들이 있다.

첫째, 담임선생님이 자기 반 학생의 부모로부터 지지와 격려를 받으면 교사로서의 임무와 직업에 대한 자부심이 생기고, 교사 자신에 대하여 긍정적인 감정이 들고 기분이 좋아질 것이다. 따라서 학부모의 지지는 선생님을 더 좋은 선생님으로 만들어 준다.

둘째, 사람들은 대개 자신이 하고 있는 일을 인정해 주고 격려해 주는 사람들에 대하여 좋게 생각하는 경향이 있다. 이때 격려가 중요한 역할을 한다. 당신이 자녀의 담임선생님과 긍정적인 관계를 맺게 되면, 선생님은 당신 자녀의 필요에 더 민감해지고 당연히 더 많은 관심을 가지게 될 것이다.

이번 주에는 자녀의 담임선생님을 격려하고 지지해 주는 시간을 가지도록 하라. 담임선생님을 만나러 학교에 찾아가거나, 문자를 보내거나, 간단한 카드를 써서 보내 드려도 좋다. 다음의 편지를 참고하기 바란다.

히크만(Hickman) 선생님께

선생님, 금년에 제 아들 마이클(Michael)을 지도해 주셔서 진심으로 감사 드립니다. 저는 마이클이 정말 많은 것을 선생님께 배웠고, 또 선생님께서 반 학생들을 위해 얼마나 많은 시간을 들여 노력하셨는지도 잘 알고 있습니다. 그리고 더 중요한 것은, 선생님께서는 학생들을 지도하고 돌보는 선생님만의 특별한 방식을 가지고 있다는 점입니다. 아마도 선생님께 가르침을 받은 모든 아이들은 선생님을 만난 덕분에 장차 사회에 나가서도 인격적으로 '좋은 사람'이 될 것이라고 확신합니다.

마이클 어머니 올림

이 편지에 나타난 것처럼, 나는 진심으로 히크만(Hickman) 선생님을 존경한다. 그런데 당신은 사실상 자녀의 담임선생님을 좋아하거나 존경하지 않을 수도 있다. 그렇더라도 자녀의 담임선생님이 가지고 있는 긍정적인 부분을 열심히 찾아보고, 그 점을 표현해 줄 수 있는 단어를 생각해 보기 바란다. 그리고 진심을 담아, 구체적으로, 또 긍정적인 문장으로 선생님께 편지를 써 보기 바란다.

42주

자녀 학교의 훈육 방침을 지지하기

다음은 내가 비디오로 제작한 '같은 배를 타고 가는 부모(Parents on Board)'라는 부모 참여 프로그램에 나오는 한 장면이다.

어느 날 저녁, 어머니는 아들이 다니는 학교의 담임선생님으로부터 전화를 받는다. 어머니가 전화를 받고 이야기를 하는 동안 아들은 점점 불안해지고 불편해하는 모습을 보인다. 어머니는 전화를 끊고 나서 아들과 이야기를 나눈다. 어머니는 "담임선생님께 전화가 왔다. 학교에서 네가 무례한 말을 했다니, 무슨 생각으로 한 행동이었니?"라며 아들을 타이르고 훈계한다. 어머니와 아들은 '존경'에 대한 대화를 나눈다. "네가 학교에서 문제가 생기면, 그것은 우리 가정에서도 문제가 된다는 점을 명심해라." 어머니는 아들에게 진심에서 우러나오는 사과의 편지를 담임선생님께 쓰라고 하였다. 이것은 아들의 무례한 행동에 대한 논리적 결과를 부과하는 조처다. 아들이 지금까지 담임선생님께 무례한 말이나 행동을 하여 크게 문제가 되었던 적은 없었다. 이번 일이 처음 있는 일이므로 어머니는 아들에게 논리적 결과를 적용한 것이다. 그래서 아들이 담임선생님께 사과의 편지를 쓰도록 조처하였다. 그리고 다음에 또다시 이러한 일이 생긴다면 더 엄격한 논리적 결과를 적용할 것이라고 아들에게 경고하였다.

학교에서 시행되고 있는 여러 가지 훈육 방침에 대해서 부모가 잘 알고, 학교의 방침을 지지하는 것은 매우 중요하다. 대부분의 학교는 학교 방침을 문서화해서 비치하고 있다. 개인적으로 학교의 훈육 방침에 대한 글이 필요할 때는 담임선생님께 부탁하여 구하도록 하라. 만일 학교 방침의 어느 한 부분이 적절하지 않다고 생각하면, 그 부분에 대하여 학교 담당 선생님이나 교장 선생님과 만날 약속을 하고, 그 점에 대하여 논의할 수도 있다. 그렇다고 하더라도 그 부분을 자녀 앞에서 공개적으로 비판하지는 말라. 부모의 비판적인 태도를 보면서 자녀는 학교 방침을 무시하게 되고, 학교의 규율을 지키지 않아도 된다고 생각할 수 있기 때문이다.

교사들이 교육과 학습에 쏟아야 할 시간 가운데 상당 부분을 학생을 훈육하는 데 할애하고 있는 것이 오늘날 학교가 처한 현실이다. 따라서 앞에서 보았던 비디오 프로그램에 나오는 어머니의 예처럼, 학부모가 학교 방침을 잘 지지해 주면 교육의 질이 향상되고, 교사 또한 학생들을 훈육하는 데 허비하는 시간을 줄일 수 있다. 부모가 학교 방침을 전적으로 지지하는 모습을 자녀들이 보게 되면, 자녀들은 학교 방침을 따르지 않아도 괜찮은지를 시험해 보려고 부모의 눈치를 보는 일도 줄어들 것이다. 그러므로 부모가 학교 방침을 지지하고 따라 주는 것은 궁극적으로 자녀를 위한 길이다.

●활 동

자녀 학교의 훈육 지침서를 구해서 검토해 보라

당신은 자녀가 다니는 학교의 훈육 방침에 대하여 잘 알고 있는가? 만약 모르고 있다면 지금 곧 학교의 훈육 지침서를 구해서 검토해 보라.

이번 주에는 자녀가 다니는 학교의 훈육 방침에 대해서 알아보고, 문서화된 훈육 방침을 구해서 자녀와 함께 검토해 보는 시간을 가지기 바란다. 만일 학교 담임선생님 또는 교장 선생님이 그 용도에 대하여 물어본다면, "변호사를 선임하기 위해서"(실제로 그런 일이 일어날 수도 있지만, 이건 농담이다) 라고 답하라. 교사가 당신에게 "왜 학교의 훈육 지침서가 필요하신가요?" 라고 묻는다면, "아이와 함께 학교의 훈육 방침을 검토하면서, 학교에서 어떤 행동을 해야 하고 또 어떤 행동을 하지 말아야 하는지를 아이에게 알려 주면서 학교의 방침을 지지하기 위해서입니다."라고 대답해라.

단, 자녀와 학교 방침에 대하여 대화를 나누는 시간은 훈육하고 설교하는 시간이 되지 않도록 유념하고, 다만 토론의 시간이 되도록 하라. 이런저런 학교 방침에 대하여 자녀가 어떻게 생각하는지 물어보는 것이 좋다. 그리고 왜 학교에서는 각 부분에 걸쳐 여러 가지 방침을 제시하고 있는지를 설명해 주어라. 자녀가 학교의 모든 훈육 방침에 동의할 수는 없겠지만, 적어도 재학 중에는 학교의 방침을 따라야 한다는 것을 확실하게 알려 주어야 한다.

- 학교 방침을 검토하면서 무엇을 배웠는가?

- 자녀가 학교 방침을 당신과 같이 검토하는 것에 대해 어떻게 반응하였는가?

- 당신이 유념해 두고 다음에 또 자녀와 더 검토해 보고 싶은 학교 방침은 무엇인가?

43주

자녀의 학습을 효과적으로 코칭하라

현대사회에서는 사실과 정보를 단순히 외워서 학습하는 영역은 감소하고 있다. 그 대신에 논리적으로 사고하고, 효과적으로 의사소통하며, 문제를 해결하고, 조직 내에서 팀을 이루어 협동하고, 의미 있는 방식으로 다양하게 개념을 적용하는 영역이 훨씬 더 증가하고 있다. 정보는 매우 중요한 부분을 차지하며, 컴퓨터와 인터넷을 통하여 방대한 양의 정보가 믿을 수 없을 만큼 빠른 속도로 처리되고 있다. 따라서 미래에도 정보를 창의적으로 활용하고, 비판적인 시각으로 사고하며, 항상 적극적인 동기가 부여되는 일이 계속해서 중요해질 것이다.

학교도 이러한 변화에 발맞추어 적응해 나가고 있다. 그러므로 부모도 이러한 시대의 흐름과 변화를 따라가면서 자녀를 코치해 줄 필요가 있다. 부모는 교사가 하는 것과 똑같은 방식으로 지식 전달자의 역할을 수행할 수는 없지만, 긍정적인 코치의 역할을 해 줌으로써 자녀를 도와줄 수는 있다. 다음의 7가지 원칙을 명심하라.

1. 언제라도 자녀가 원하면 도와줄 수 있도록 하라

이 말은 자녀가 해야 할 일을 부모가 대신 해 주라는 뜻이 아니다. 이것은 자녀에게 도움이 필요할 때는 언제라도 지지해 주고, 안내자가 되어 주라는 의미다.

2. 지지는 해 주되, 비판은 하지 말라

자녀의 실수를 지적하기 이전에 먼저 자녀의 긍정적인 부분을 찾아서 말해 주어라. 절대로 자녀를 인격적으로 무시하거나 공격하지 말라.

3. 자녀가 이루어 낸 성적이나 결과보다는, 자녀가 노력해 온 과정에 초점을 맞추어라

자녀에게서 즉각적으로 좋은 성과가 나타나기를 기대하기보다는, 자녀가 노력하고 있는 과정을 중시하라. 어떤 성과나 진보는 시간이 지난 다음에 나타나므로 인내심을 가지고 지켜보도록 하라.

4. 자녀를 도와줄 때 완벽한 전문가가 될 필요는 없다

자녀에게 가끔씩 "나도 잘 모른다."라고 솔직하게 말하는 것을 두려워하지 말라(자녀들이 부모가 솔직하게 "나도 모른다."라고 말하는 것을 얼마나 좋아하

는지 아는가!).

5. 자녀에게 완벽함을 기대하지 말라

공부를 잘하여 학업이 우수한 아이들만 행복한 인생을 살 수 있다고 말할 수는 없다. 또한 공부를 잘하는 것이 인생을 의미 있게 잘 살고 있다는 지표가 되지도 않는다. 그러므로 자녀에게 인생을 즐겁고 긍정적으로 사는 태도를 길러 주도록 하라.

6. 자녀에게 생긴 문제에 대해서 스스로 사고하고 해결해 보는 기회를 주어라

부모가 자녀를 위해 무엇이든 다 해 주어야 한다는 생각의 함정에서 벗어나라. 문제가 생겼을 때 땀을 흘리면서 노력하여 자녀 스스로 그 문제의 해결책을 찾을 때까지 지켜보도록 하라.

7. 학습을 도와주는 코치로서의 부모 역할을 자녀와 함께 즐겨라

부모와 자녀가 함께 웃으면서 서로 도와주고, 학습의 과정을 즐거운 경험으로 만들어라.

● 활 동

자녀를 코치하기

이번 주에는 자녀의 학업과 관련된 과제와 프로젝트를 도와줄 수 있는 기회를 찾아보기 바란다. 앞에서 언급한, 자녀의 학습을 코칭할 때 유념해야 할 7가지 원칙을 다시 한 번 살펴보라. 그리고 다음의 표를 작성하여 어떻게 코칭하였는지 평가하라. 아마도 이 표를 다 작성하고 나면, 당신은 이렇게 지치도록 밤낮으로 공부해야 하는 지금 시대에 학생의 신분이 아니고, 즐겁게 놀면서 공부하며 학교를 끝마친 것에 대하여 오히려 감사하다는 느낌을 받을 것이다.

7가지 원칙	어떻게 코칭하였는가?	다음에는 어떻게 보완하고 싶은가?
언제라도 자녀가 원하면 도와줄 수 있도록 하라.		
지지는 하되, 비판은 하지 말라!		
자녀가 이루어 낸 성적이나 결과보다는, 자녀가 노력해 온 과정에 초점을 맞추어라.		
자녀를 도와줄 때 완벽한 전문가가 될 필요는 없다.		

자녀에게 완벽함을 기대하지 말라.		
자녀가 문제에 대해 스스로 사고하고 해결하도록 기회를 주어라.		
학습을 도와주는 코치로서의 부모 역할을 자녀와 함께 즐겨라!		

● 역자의 선물

■ 어떤 사람이 성공하는가 – 감성지능, 다중지능, 성공지능

우리는 머리가 영리하며 공부를 잘하는 사람이 사회에서 성공하는 것으로 생각한다. 그것은 맞다. 그러나 현실적으로 볼 때 뛰어난 지능(IQ)과 우수한 학업 성취자는 성공한 사람의 20%에 해당하며, 성공한 사람의 80%는 감성지능(EQ)이 뛰어난 사람인 것으로 나타났다. 또 국가 산업과 경제 분야에 지대한 공헌을 한 CEO들과 발명가들 중에는 학력이 낮고 학교 성적도 좋지 않았던 사람들이 압도적으로 많고, 일류 대학 출신자는 찾아보기 힘들다는 사실을 알고 있는가?

이것은 무엇을 의미하는가? 그것은 전통적으로 '지능검사'가 측정하는 영역이 주로 언어와 기억력과 수학적 영역에 치중되어 있어서 지능에 대한 해석과 관점이 매우 협소하다는 것을 의미한다. 지금까지 지능이 뛰어나고, 학업 성적이 우수하다고 판명된 사람들 역시 이와 같이 주로 읽기, 쓰기, 셈하기 위주의 능력에서 우월한 자들이라는 것이다. 그러니까 학교에서는 현대 사회가 필요로 하는 다른 지적 영역의 능력을 충분히 계발시켜 주지 못하고 있는 실정이다. 또한 지능에 대하여 이처럼 협소한 관점에서 해석하고 있는 것에 반대하는 학자들도 있다.

지적 능력보다는 감성적인 능력이 성공적인 삶을 가능하게 해 주는 중요한 요인이라고 주장한 학자는 골먼(Goleman)이다. 골먼은 감성지능을 소개하였다. 그에 따르면, 감성지능은 자기 감정의 인식, 자기 감정의 조절과 통제, 잠재 능력의 계발, 공감적 이해력과 사회적 관계 형성 능력을 포함한다. 성공한 사람들의 80%에 해당하는 사람들은 뛰어난 지적 능력 때문에 성공한 것이 아니라, 자신과 타인의 감정에 민감하게 반응하는 능력, 지구력, 낙천적 자세와 창의적 아이디어를 갖추고 있다는 것이다.

한편 가드너(Howard Gardner)에 따르면, 지능이란 여러 가지 차원의 능력을 포함하는 것이며, 개인이 속한 사회와 문화권에서 중시하는 문제들을 효과적으로 해결하는 능력과 새로운 것을 창조하는 능력이라고 간주하였다. 가드너는 지능의 요소에 언어적 지능, 논리적-수학적 지능, 공간적 지능, 음악적 지능, 신체-운동적 지능, 대인관계적 지능, 심리적 이해(자기 성찰) 지능 그리고 마지막으로 자연 탐구적 지능이 있다고 하였다. 예컨대, 에스키모의 문화권에서는 혹한에서 살아남는 데 필요한 능력, 즉 신체-운동적 지능, 자연 탐구적 지능, 공간적 지능이 뛰어난 사람이 소위 '영재'나 '수재'에 해당된다고 보는 것이다. 여기서 가드너가 말하는 대인관계적 지능과 심리적 이해 지능은 골먼이 말하는 감성지능의 개념과 유사하다고 볼 수 있다.

오늘날 미국을 위시한 서구사회에서는 스포츠나 심포니 오케스트라와 같은 예술 계통에서 팀워크를 이루어 훌륭한 통합 작품을 만드는 능력, 네트워크를 형성하며 조직하는 능력, 국제 간 분쟁을 조정하는 리더십 등이 중시되고 있으며, 이러한 능력의 소유자가 뛰어난 지능을 갖춘 자로 평가되고 있다.

한편 스턴버그(Robert J. Sternberg)는 지금까지의 지능검사가 측정한 분석적 능력 이외에도, 창의적이고 실제적인 능력이 지능에 포함되어야 한다고 강조하였다. 그러므로 지능은 분석적 능력과 창의적 능력과 실제적 능력을 모두 포함하는 것이다.

또한 스턴버그는 개인이 일상생활에서 성공하는 데 필요한 능력을 '성공지능'이라고 하였다. 그에 따르면, 성공지능은 다음과 같은 세 가지 능력과 관련되어 있다.

- 대부분의 사람은 어떤 한두 가지 일은 잘한다. 그런 자신의 강점을 최대한으로 이용할 줄 아는 능력이다.
- 모든 분야의 일을 다 잘하는 사람은 없다. 따라서 자신의 약점을 알고 그 약점을 보완할 줄 아는 능력이다.
- 자신이 처한 환경에 적응하고, 또 자신에게 알맞은 환경을 선택하는 능력

이다.

결론적으로 어떤 사람이 성공하는가? 또는 자녀가 성공적인 인생을 살도록 어떻게 지도해야 하는가? 지금까지 살펴본 내용을 간단히 요약해 보면 대략 다음과 같다.

- 선천적으로 타고난 우수 지능 내지 탁월한 소질(또는 적성)을 발견하고 계발시킨다.
- 자신의 약점을 보완해 줄 수 있는 방법을 찾아보고, 실제적으로 주어진 여건을 최대한으로 활용하는 능력을 기른다.
- 자신의 마음을 잘 관리하고, 원만한 대인관계를 유지하며, 낙천적이고 배려해 주는 성품을 기른다.
- 창의적이며 문제해결적으로 사고하고, 팀워크를 통하여 호혜적으로 윈윈하는(win-win) 리더십을 기른다.

이와 같은 처방을 유념하면서 열린 마음으로 자녀를 키운다면, 당신의 자녀는 틀림없이 성공하고 행복하며, 자신의 행복을 사회에 나누어 주는 값진 삶을 살게 될 것이다. 자녀가 공부를 잘하든 못하든 간에 이제는 걱정할 필요가 없지 않은가, 브라보!

출처: 홍경자(2004). **청소년의 인성교육**. 학지사. p. 40, 216.

44주

자녀와 함께 책 읽기

부모로서 자녀의 학습을 도와줄 수 있는 최선의 방법은 훌륭한 유전인자를 물려주는 일이 아닐까? 그런데 당신은 그 일이 이미 늦었다고 생각하는가? 그렇다면 다음으로 해 줄 수 있는 최선의 방법은 자녀에게 매일 책을 읽어 주는 것이다. 독서는 학습에서 가장 핵심적인 부분이다. 학교에서도 책을 많이 읽는 학생에게는 상을 주며 격려하는 학습 체계를 활용하고 있다. 그림을 보고 흥미를 보이기 시작했다면, 그때부터 자녀에게 책을 읽어 주어라. 자녀의 나이가 더 들어 가면서부터는 자녀가 부모에게 책을 읽어 줄 수도 있다. 또 자녀의 수준에 비추어 볼 때 읽기가 어려운 책은 부모가 읽어 줄 수도 있다. 가장 좋은 방법은 하루에 적어도 20분은 자녀와 함께 책을 읽는 것이다.

자녀에게 책을 읽어 주는 것이 긍정적인 경험이 되도록 하라. 그렇게 하기 위해서는 코치로서의 기술을 멋있게 발휘하도록 명심하기 바란다. 책을 읽는 것을 강화시켜 주기 위해 자녀에게 다음과 같은 질문을 사용하여 사고하는 법을 가르쳐 주도록 하라.

- 책 속의 이야기를 들려주는 도중에, 또는 책을 다 읽고 나서 육하원칙(언제, 어디서, 누가, 무엇을, 어떻게, 왜)에 따라 질문하라. 그리하여 자녀가 독서하면서도 예리하게 관찰하는 습관을 갖도록 격려하라.
- 책을 읽으면서 앞으로 어떤 사건이 전개될 것 같은지 미리 예측해 보도록 질문하라. 그리하여 자녀가 예측하고 사고하는 습관을 갖도록 지도하라.
- 잘 모르는 단어가 나오면 그 의미에 대해서 물어보고, 함께 단어의 의미를 알아보고 또 토론함으로써 언어 능력을 강화시켜라. 사전과 인터넷 검색을 통하여 단어의 뜻을 알아보고, 또 유사 단어도 찾아보라.
- 함께 읽었던 책의 마지막 부분은 어떻게 끝맺음이 되었는지를 다시 질문하라. 그래서 자녀의 기억력을 강화시켜라.
- 책의 저자가 어떤 의도를 가지고 주인공의 말과 행동을 묘사했는지에 대하여 자녀의 생각을 물어보라. 이렇게 함으로써 작품을 분석적으로 바라보고 해석하는 능력을 길러 줄 수 있다.
- 이와 같은 질문에 자녀가 잘 대답하였다면, 자녀가 독서하기를 좋아하는 것에 대하여 긍정적인 말을 해 주고, 자녀가 스스로에 대하여 자부심을 가지도록 격려하라.

● 활 동

큰 소리로 읽기 + 대본처럼 실감 나게 읽기

만일 지금까지 자녀에게 정기적으로 책을 읽어 주지 않았다면, 그리고 자녀가 아직 십 대가 아니라면, 자녀가 가장 좋아하는 책을 하나 골라서 지금부터 함께 책 읽기를 시작하라. 자녀가 십 대 청소년이라면, 영화나 연극 대본을 하나 골라서 각자 역할을 바꾸어 가며 함께 읽어라(실제로 대본에 나오는 인물의 역할에 몰입하면 매우 신 나고 재미있을 것이다). 오래전부터 자녀에게 정기적으로 일정 시간을 할애하여 책을 읽어 주고 있거나 혹은 이제 막 책 읽어 주기를 시작하려고 하든지 간에, 앞에서 소개한 것과 같이 사고력을 향상시켜 주는 질문을 사용하기 바란다. 그래서 이러한 경험이 더 긍정적인 경험이 되도록 강화하기 바란다. 명심할 것은 재미있고 신 나게, 그리고 즐기면서 함께 책을 읽어야 한다는 점이다. 자녀와 함께 책과 대본을 즐겁게 읽다 보면, 책의 내용을 흥행 영화로 만들기 위해서 굳이 어마어마한 예산을 투자할 필요가 없다는 것을 깨닫게 될 것이다.

- 자녀와 함께 무엇을 읽었는가?

- 자녀에게 어떤 질문을 하였는가?

- 책 읽기가 어떻게 진행되었는가?

- 다음번에는 어떻게 보완하고 싶은가?

45주

TV 시청과 컴퓨터 사용 시간을 감독하라

집집마다 가정에서 자녀들의 TV 시청 시간과 컴퓨터 사용 시간에 대한 규율이 있다. 대부분의 경우에 부모들은 학교를 다니는 주 중에는 저녁 시간에 TV 시청을 금지하고, 주말에만 부분적으로 자녀가 보고 싶어 하는 프로그램을 보도록 허용할 것이다. 각 가정에서 자녀가 TV를 보고 컴퓨터를 하며 게임을 하도록 허용하는 시간을 계산하거나 측정할 수는 없을 것 같다. 그렇지만 실제로 이 모든 시간을 측정할 수가 있다.

자, 한번 살펴보자. 보통 아이들이 하루에 평균적으로 3~4시간에 걸쳐 TV 또는 컴퓨터를 사용한다고 가정한다면, 어림잡아 초등학교 시절부터 고등학교를 졸업할 때까지 그 모든 시간을 합산하면 한 명당 무려 400일이나 된다. 400일이면 일 년을 꽉 채우고도 남는 시간이다. 그 시간 동안 더 가치 있는 분야에서 얼마만큼의 일들을 할 수 있는지 생각해 보라. 내가 무엇을 말하려고 하는지 조금이나마 이해하는가?

나는 아이가 TV 시청하는 것을 감독하면서 한 가지 골칫거리가 더 생기는 것을 알게 되었다. 어느 주말에 아이에게 TV를 보지 못하도록 하였더니 몇 시간째 컴퓨터를 하였다. 곧바로 나는 TV뿐만 아니라 집에서 사용할 수 있는 모든 통신기기의 사용 시간을 감독해야겠다고 생각하였다. 여기에는 휴대전화를 통한 인터넷 접속 및 게임하기, 컴퓨터와 노트북 사용 시간 등이 포함된다. 마치 나방이 불을 보고 달려들듯이, 아이들은 기회만 생기면 TV, 컴퓨터, 휴대전화를 사용하려고 한다는 것을 나는 알게 되었다. 이렇게 무방비하게 TV와 컴퓨터에 노출되면 다음과 같은 문제가 생긴다.

첫째, 보다 유익한 활동을 하는 데 방해가 된다. 둘째, 인터넷 접속을 통해 유해하거나 위험한 것에 노출되고, 부적절한 관계를 맺을 수 있다.

매 순간 인터넷상의 대화 접속창과 채팅을 통하여 많은 어른들이 마치 사냥감을 노리는 야수처럼 아동과 청소년을 유혹하여 위험한 관계를 맺으려고 한다. 이런 위험한 관계는 끔찍한 결과를 초래한다. 다음은 컴퓨터 사용과 인터넷 접속에 관한 몇 가지 지침이다.

- 인터넷을 통하여 낯선 사람과 채팅하는 것을 금지하라.
- 인터넷을 사용할 때 어떤 경우라도 상대방에게 자신의 이름과 전화번호, 주소 및 학교 이름을 절대로 알려 주어서는 안 된다고 일러 주어라.
- 부모와 함께 정한 컴퓨터 사용에 대한 규칙을 자녀가 잘 지키고 있는지를 관찰하라. 이를 위하여 컴퓨터를 모든 가족이 볼 수 있는 장소에 놓

아두어라. 거실에 두고 사용하는 것이 좋다.

- 자녀가 TV, 컴퓨터, 휴대전화와 같은 통신기기를 사용하는 시간에 대하여 부모가 제한을 두는 것에 자녀의 동의를 구하라.
- 폭력과 성(性)에 노출될 수 있는 모든 시청각 자료 및 게임을 조사하고, 자녀에게 적절한 수준의 자료와 게임이 무엇인지를 결정하라. 각각의 시청각 자료와 게임, 인터넷 검색 자료와 홈페이지를 기억해 두고, 가능하다면 그에 대한 이름표를 붙이고 목록을 만들어 두어라.

● 활 동

TV 시청과 컴퓨터 사용 시간에 대해 대화하는 가족 모임 갖기

자녀와 함께 TV 시청 및 컴퓨터 사용 시간의 문제를 가지고 대화하는 가족 모임을 가져라. 구체적으로 다음과 같은 것에 대하여 토론하라.

- 학교를 다니는 주 중의 저녁 시간과 주말에 TV와 컴퓨터를 얼마만큼 사용하도록 허용하는 것이 좋은가?

• 자녀의 연령에 맞게 어떤 내용을 시청하는 것을 금지해야 하는가?

• 인터넷을 사용함으로써 발생할 수 있는 위험 요소는 무엇인가? 그리고 자녀를 안전하게 보호하기 위하여 인터넷 사용과 접속에 관한 규율을 자녀와 함께 어떻게 세울 것인가?

TV 및 컴퓨터 사용 시간에 대한 규칙을 만드는 가족회의를 진행할 때는 다음의 사항을 유념하라.

• 자녀의 입장이 되어 배려하며, 비판적으로 하지 말라. 당신이 지나치게 도덕적이고 비판적으로 나오면, 자녀는 당신의 지시에 응하려 하지 않게 되고, 궁극적으로 문제가 더 악화될 수 있다. 다만 당신이 마음속으

로 자녀를 사랑하고 있고, 자녀의 안전을 기원하며, 또 잘되기를 바라기 때문에 TV 시청을 규제한다는 것을 자녀들이 알게 하라.

- 열린 마음으로 질문하고 토론하라. 제발 설교는 하지 말라.
- TV 및 컴퓨터 사용 시간에 대한 규율을 일일이 기록하고 나서, 필요하다면 잘 보이는 곳에 붙여 두어라.
- 자녀의 아이디어 중에서 좋은 면과 긍정적인 가치관을 격려하라(예: "정말 멋진 생각인데!" "엄마, 아빠는 네 생각이 정말 마음에 든단다." "네 말이 맞구나." "그렇게 생각하다니 너는 참 생각이 깊구나.").

마지막으로 다음과 같은 사항을 다시 한 번 검토해 보라.

- 가족 모임이 어떻게 진행되었는가?

____

____

____

- 가족끼리 어떤 규율을 만들고, 동의했는가?

____

____

____

- 다음번 가족 모임 때는 무엇을 보완하고 싶은가? 고칠 점은 없는가?

46주

성공적인 학습을 위한 SQ3R 기술

공부하는 것도 즐기면서 또 틈틈이 휴식을 취하는 것은 항상 최선을 다해야 한다는 스트레스로부터 벗어나게 해 주고, 삶의 균형 감각을 유지하게 해준다. 그럼에도 모든 부모들은 내 자녀가 시험을 잘 치르고, 그 결과로 좋은 성적을 받아 좋은 대학에 들어갈 수 있기를 진심으로 기원한다.

어떤 아이들은 가장 효과적인 자신만의 공부 방법을 잘 알고 있다. 당신의 자녀가 이렇게 자기주도적으로 공부하는 아이라면, 지금의 컨디션을 잘 유지할 수 있도록 주의하라. 반면에 대부분의 아이들은 효율적인 학습 방법에 대한 도움이 필요하다. 여기서는 효율적인 학습 방법인 'SQ3R' 기술을 소개하고자 한다.

이 학습 방법의 명칭을 'SQ3R'이라고 한 이유는, 바로 이 기술을 만든 사람이 Herr Docktor SQ3R 교수이기 때문이다(어떻게 그의 이름에 3이라는 숫자가 들어가게 되었는지는 여전히 수수께끼다). 실제로 SQ3R은 다음과 같은 뜻을 카리킨다.

- Survey(훑어보기) 앞으로 공부해야 할 각 장의 내용을 대략적으로 훑어보는 것을 말한다. 그래서 대주제, 소주제를 먼저 읽는다.

- Question(질문하기) 대략적으로 읽었던 부분에 대하여 질문을 만들어 본다. 이 장의 내용에서 말하려고 하는 것은 무엇이고, 그 목적이 무엇인지를 질문해 본다. 대주제와 소주제를 연관하여 질문을 만든다. 다음번에 더 세부적인 내용을 읽고 공부하기 이전에 지금 만들어 본 질문들에 대하여 미리 답을 써 본다. 이러한 활동을 하다 보면 어떤 내용이 나올 것인지를 미리 유추하고 사고하는 능력이 길러진다.

- Read(정독하기) 중요하다고 생각되는 부분에 밑줄도 긋고, 노트 정리도 하면서 주의를 기울여 읽어 나간다.

- Recite(암송하기) 자녀가 공부한 책의 내용을 읽어 보지 않고서도 소리 내어 말할 수 있도록 가르쳐라. 공부한 부분의 중심 주제와 중요한 내용과 세부적인 부분 중에서 암기해야 할 부분이 있는지 물어보라. 시험에 자주 나오는 내용을 중점적으로 공부하고 암기하도록 한다.

- Review(복습하기)　어느 정도 시간이 흐른 뒤에는 자녀가 공부했던 부분을 복습하게 하라. 완전히 이해할 때까지 복습하고, 또 자녀만의 학습 요령을 터득하도록 지도하라.

그리고 SQ3R 중 어떤 단계에서 자녀가 가장 어려워하는지, 또 어떤 부분을 가장 흥미롭게 여기는지에 대하여 대화를 나누고, 자녀가 가장 효과적인 자신만의 공부 방법을 개발해 가도록 지지해 주어라.

● 활 동

SQ3R 기술을 터득하라

당신이나 당신 자녀가 생각하기에 SQ3R 기술이 다소 단순하고 불충분해 보일 수 있다는 점을 나도 인정한다. 그러나 놀랍게도 많은 사람들이 이처럼 단순한 학습 기술이 학업 능력과 성적을 향상시키는 데 매우 도움이 되었다고 보고하고 있다.

더구나 SQ3R 박사의 연로하신 어머니는 학생들이 이 기술을 매번 사용할 때마다 지불하는 약간의 로열티를 가지고 노인복지관에서 빙고 게임용 자금으로 사용하고 있다(이 말은 아들이 저술한 SQ3R에 대한 책의 인세를 그녀가 받고 있다는 뜻이다). 그러니까 선입견을 버리고 자녀에게 SQ3R 기술을 가르쳐 주어라!

처음에는 자녀와 함께 당신도 이 기술을 사용해 보되, 자녀의 공부를 도맡아 해 주지 않도록 주의하라. 자녀가 보이는 노력에 대하여 칭찬과 격려를 아끼지 말라. 그러고 나서 자녀와 함께 SQ3R을 사용한 후에 달라진 점과 그 결과에 대하여 이야기를 나누고, 앞으로도 자녀가 계속해서 이 기술을 사용하고 싶어 하는지를 알아보라.

SQ3R 단계	어떻게 진행되었는가?
훑어보기(survey)	
질문하기(question)	
정독하기(read)	
암송하기(recite)	
복습하기(review)	

- 자녀가 SQ3R 기술을 사용하여 공부하고 난 후에 어떤 결과가 나타났는가?

____

____

____

____

- 자녀가 이 기술을 다시 사용할 것 같은가?

____

____

____

____

- 당신은 SQ3R 여사에게 빙고 게임을 하기 위한 자금을 보내 드렸는가(이 말은 당신도 SQ3R 학습법에 대한 서적을 사서 읽어 보았는가 하는 의미다. 그러나 SQ3R 기술이 이 책에 자세하게 소개되어 있으므로, 이 말은 다음과 같은 의미로 받아들이자. 당신 자신도 어떤 주제에 대하여 열심히 공부해 보고, 그 과정에서 SQ3R을 사용해 보았는가)?

____

____

____

____

47주

언어 능력 향상시키기

자, 우리 현실을 한번 직시해 보자. 우리 문화와 사회에서는 말을 잘하면 어디를 가도 대우를 받는다. 말하기 능력이든 쓰기 능력이든 간에, 뛰어난 언어 능력을 가지고 있는 사람은 의사소통을 잘하는 사람으로 인정받을 뿐 아니라 똑똑하고 유능한 사람으로 인식된다. 그리고 실제로 언어 능력이 뛰어난 사람이 더 똑똑하고 유능할 때가 많다. 다음은 자녀의 언어 능력을 강화해 줄 수 있는 유용한 요령이다.

먼저 TV와 컴퓨터를 꺼라

앞에서도 강조했지만, TV는 적당한 수준에서 특별히 아이들이 보아도 유익한 프로그램만 시청하도록 하라. 컴퓨터와 게임도 마찬가지다. 가정에서 여러 번 경험해 보았겠지만, 가족이 TV를 시끄럽게 보고 있거나 자녀가 게임 또는 컴퓨터에 몰두해 있으면 가족 간에 대화를 할 수가 없다. 자녀의 언어 능력은 부모와 자녀가 대화를 나눌 때 향상되는 것이다.

● 자녀 한 명 한 명과 따로따로 대화를 나누는 시간을 가져라

자녀의 언어 능력과 사고 능력은 부모가 자녀에게 사 주었던 모든 교육 도구와 게임기와 장난감을 통해서 길러 주는 것이 아니고, 오로지 가족 간의 대화를 통해서 길러진다. 저녁 시간이나 자녀를 차에 태우고 운전을 하는 시간이나 기타 어떤 시간을 활용해서라도 자녀와 대화를 나누도록 하라.

● 자녀와 함께 언어 능력을 향상시켜 줄 수 있는 게임을 하라

동시를 짓고 운율을 맞추는 게임을 해도 되고, 글자를 거꾸로 따라 외우기 게임을 해도 좋다. 그 밖에도 끝말잇기, 조각난 문장을 바로 맞추기, 수수께끼나 스무고개, 단어 피라미드(관련된 주제 단어와 연상되는 단어로 피라미드 쌓기) 게임과 같이 자녀와 함께 재미있게 활동할 수 있는 언어 게임과 책을 찾아보도록 하라.

● 자녀와 함께 큰 소리로 읽을 수 있는 책을 골라라

● 말하기와 쓰기에서 자녀가 실수한 것을 부드럽게 교정해 주어라

예를 들면, 자녀가 "장난감을 갈고 시퍼요."라고 썼다면 "장난감을 갖고 싶어요."라고 쓰는 것이라고 부드럽게 정정해 주어라.

자녀와 함께 단어 공부를 하라

모르는 단어가 나왔을 때 그 의미를 찾아보고, 또 단어카드를 만들어서 자녀의 단어 구사 능력을 계발시켜 주어라. 자녀와 함께 단어 공부를 하라. 내가 알고 있는 한 대학원생은 실제로 이 방법으로 단어 구사 능력을 향상시켜 대학원 입학에 필요한 GRE(미국 대학원 입학 전형에 요구되는 시험) 점수 중 언어 영역의 점수를 100점이나 향상시켰다.

활 동

머릿속에서 영화 만들기

내가 지금까지 소개하고 알려 준 여러 가지 요령과 기술을 잘 활용한다면 자녀와 함께 아주 유익한 활동을 할 수 있을 것이다. 그리고 당신과 자녀에게 적합한 다른 활동과 방법을 적극적으로 찾아보기 바란다. 내가 한 가지 더 소개하는 독서 활동은 자녀가 독서한 내용을 정확히 기억하고 또 이해력을 강화시켜 줄 수 있는 '머릿속에서 영화 만들기(Mental Movie)'라는 활동이다.

이 활동을 하려면 먼저 자녀에게 책을 읽어 주되, 책에 그림이나 삽화가 들어가 있는 장면은 보여 주지 말고 다만 책의 내용만 읽어 주도록 한다. 그리고 자녀에게 눈을 감고 책의 내용이 어떨 것 같은지 상상해 보라고 하라.

무서운 괴물이 상상될 수도 있고, 이야기 속에 등장하는 어떤 인물이 연상될 수도 있으며, 또 이야기의 배경에 대하여 상상해 볼 수도 있다. 자녀가 상상하는 것을 어려워한다면, 다음과 같은 질문을 하면서 도와줄 수 있다.

"괴물은 무슨 색깔이니? 그 괴물이 어떻게 생겼는지 더 자세하게 말해 줄래?" 자녀가 상상하고 세부적으로 묘사한 장면에 대하여 격려해 주고 칭찬하라. "엄마는 네가 괴물을 묘사할 때, 무척 날카로운 이빨을 무섭게 드러내고 피와 징그러운 내장이 입 밖으로 튀어나오는 장면이 정말 실감 났어. 그 괴물이 마치 내 앞에 서 있는 것처럼 징그럽고 무서울 것 같구나!"

- 자녀에게 어떤 책을 읽어 주었는가?

- 책에 나오는 등장인물, 장면, 특정한 사물에 대하여 자녀가 어떻게 상상하고 묘사하였는가?

- 자녀를 어떻게 격려해 주었는가?

- 다음에 또 이와 같은 활동을 한다면 어떻게 보완하고 싶은가?

48주

철자법 학습을 도와주기 위한 요령

자, 내가 솔직한 고백을 하나 하겠다. 나는 지금도 철자법에 대해 잘 모를 때가 있다. 미국의 유명한 코미디언 브라이언 리건(Brian Reagan)은 어렸을 때부터 철자법만 나오면 선생님께 집요하고도 신경질적으로 물어보았다고 한다. 예를 들어, late, make, made, hate, April 등에서 a는 'ei'로 발음되는 원칙이 있다. 그런데 이 원칙에 벗어나는 단어를 들자면 neighbor(이웃), weigh(무게가 나간다) 등이 있다. 리건은 'ei' 발음이 나는 단어를 어떤 때는 a 대신에 왜 eigh로 써야 하는지를 계속 질문했는데, 교사는 대답해 주기가 어려웠다.

자녀를 키우다 보면, 한글을 배우고 글자를 쓰기 시작할 때 아이들이 철자법을 혼동할 수 있다. 아이들은 초등학교에 진학한 후로 받아쓰기 활동을 하면서 철자법을 본격적으로 배우기 시작한다.

다른 모든 활동과 마찬가지로, 철자법도 연습하면 향상될 수 있다. 물론 지금은 글을 쓰고 난 다음 컴퓨터의 철자법 기능만 활용하면, 철자가 잘못된 것을 그때그때 교정할 수 있기 때문에 예전만큼 철자법이 중요하지는 않다. 그러나 컴퓨터의 철자법 교정 기능이 완벽하다고는 볼 수 없으며, 때로는 직접 눈으로 보고 고치는 것이 더 정확할 수 있다. 그러므로 다음의 요령을 활용하여 자녀의 철자법을 향상시켜 주도록 하라.

정확한 철자법을 다시 한 번 살펴보고 복습하라

자녀와 함께 철자법을 찾아보고 필요하다면 국어사전이나 용어사전, 백과사전을 찾아보라.

자녀에게 자주 문제가 되는 단어를 암기시켜라

누구에게라도 암기하기 어렵고 틀리기 쉬운 단어가 하나씩은 있기 마련이다. 이러한 단어들을 유의해서 암기하면 된다. 자녀가 철자법을 암기하기 힘들어하는 단어들은 새로운 암기 방법으로 재미있게 외울 수 있도록 해 주어라. 예를 들어, 영어의 desert(사막)와 dessert(후식, 디저트)의 철자가 혼동될 때, "왜 dessert(후식, 디저트)의 철자에 's'가 두 개인지 아니? 바로 디저트가 너무 맛있어서 더 많이 먹고 싶기 때문에 's'가 하나 더 들어가 있는 거야." 라고 설명해 준다. 이와 같은 원리로 soap(비누)과 soup(수프)의 철자법에 혼동을 일으키는 자녀에게는 "먼저 비누로 손을 씻고 난 다음에 맛있는 수프를 먹어야 하니까 soap(비누)에 a가 먼저 오고, soup(수프)에 u가 나중에 온단다."라고 말해 줄 수 있다.

● 음절을 똑똑히 발음해 주는 연습을 하라

단어를 말할 때 음절을 확실하게 발음하여 줌으로써 철자법을 향상시켜 줄 수 있다.

● 다중감각적(multi-sensory) 접근법을 사용하라(이 방법은 다음 활동 기록지를 읽으면 알 수 있다).

※ 역주: 다중감각적 접근법이란, 시각, 청각, 촉각, 운동감각과 같이 여러 가지 감각을 자극하여 학습하는 것을 말함.

● 활 동

다중감각적 접근법

다중감각적 접근법은 청각(auditory), 운동감각(kinesthetic), 촉각(tactile), 시각(visual)의 네 가지 구성 요소를 의미한다. 자녀가 암기하기 힘든 단어나 학습 내용을 다중감각적 접근법을 사용하여 암기하고 공부하도록 도와주어라.

- 먼저 자녀가 암기하기 힘들어하는 단어나 내용을 공책에 적어 보도록 한다. 그리고 자녀와 함께 큰 소리로 정확하게 읽는다(메모하기 = 운동감각적 활동, 읽기 = 청각 활동).
- 공책에 적은 단어를 손가락으로 짚어 가며 큰 소리로 읽는다(손가락으로 짚기 = 촉각 활동).
- 다음에는 눈을 감고 공책에 적은 단어를 손가락으로 하나하나 짚어 가며 큰 소리로 읽는다. 그리고 여전히 눈을 감은 채 그 단어를 연필로 써 가면서 큰 소리로 읽는다. 이 과정에서 단어가 자연스럽게 암기된다(촉각 활동 – 청각 활동 – 운동감각 활동).
- 마지막으로 눈을 뜨고 다시 큰 소리를 내어 읽으면서 공책에 단어를 쓴다. 철자가 맞았는지 확인하고 난 후에 공책의 단어 부분을 종이로 가리고 다시 소리 내어 읽으면서 적는다(눈을 뜨고 다시 쓰기 = 시각 활동).

이 모든 과정을 거치고 나서도 여전히 자녀가 단어나 공부한 부분을 암기하는 데 어려움을 느낀다면, 컴퓨터의 철자법 교정 기능과 문법 교정 기능을 발명한 프로그래머에게 정말 감사하다는 말을 전해야 하지 않을까?

※ 역주: 다중감각적 접근법을 청운촉시(聽運觸視) 또는 AKTV 기술이라고 한다. 이것은 사람마다 뛰어난 감각 기능이 다르기 때문에, 자녀가 시각에 뛰어난지, 또는 청각에 뛰어난지, 혹은 촉각이나 운동감각에 뛰어난지 살펴보고 나서 자녀가 소유한 뛰어난 기능을 활용하여 공부하도록 지도하는 것이다.

● 역자의 선물

■ 외국인과 다문화가정의 어린이에게 한글 가르치기

우리나라에서도 특히 다문화가정의 자녀나 외국인들이 한글을 배울 때, 철자법 익히는 것을 매우 어려워하는 경우가 많다.

예를 들면, '하나, 둘, 셋, 넷, 다섯'을 배운 어린이가 "왜 사과를 하나 개, 둘 개, 셋 개, 넷 개, 다섯 개라고 하지 않아요?" 또는 "물고기를 하나 마리, 둘 마리, 셋 마리, 넷 마리, 다섯 마리라고 해야 맞지 않나요?"라고 질문할 수 있다. 또 가다, 서다, 앉다, 눕다를 가르쳐 주었더니 "왜 가라, 서라, 앉라, 눕라라고 하지 않아요? 또 앉느냐도 '안느냐'가 맞지요?"라고 질문하는 어린이들이 있다. 그리고 "'곰탕'은 곰을 끓인 것이고, '설렁탕'은 '설렁'이라는 동물을 끓인 것이지요?"라고 질문하기도 한다. 이들에게는 그 의미를 자세하게 설명해 주고, 또 음절을 발음하면서 여러 번 읽고 써 보도록 지도하는 것이 최선이다.

이와 같이 외국인이 한글의 철자법에 대하여 질문할 경우에 철자법과 단어의 의미를 어떻게 설명해 줄 수 있을지 생각해 보기 바란다.

나는 어떤 감각 유형인가

시각형

청각형

촉각형

운동감각형

49주

수학과 과학을 날마다 재미있는 활동으로 만들어라

이 말은 실감이 잘 나지 않을 것이다. 그러나 어린아이들은 초등학교 고학년생과 청소년이 생각하는 것처럼 수학과 과학이 자신들을 바보로 만드는 아주 끔찍한 과목이라고는 생각하지 않는다. 그렇지만 서글프게도 정말로 중요한 이 두 과목이 매우 끔찍한 과목이라는 인식을 자녀들에게 심어 주고, 또 이 두 과목을 공부하기 힘들게 만드는 사람들이 바로 부모들이다.

실제로 21세기를 살아가면서 수학과 과학은 매우 중요한 과목이 되고 있다. 이러한 추세에 맞추어 하버드 대학은 최근 학부 교과과정에 수학과 과학 과목을 더 늘리도록 커리큘럼을 개정하였다.

하버드 대학이 수학과 과학의 중요성을 인식하고 교과목 과정을 변경한 것처럼, 선견지명(先見之明)이 있는 부모들은 과학 분야가 믿을 수 없을 만큼 발전하는 현 시대에서 자녀가 성공적으로 적응해 나가도록 수학과 과학의 기초를 다져 주려고 노력한다. 수학과 과학의 기초 실력이 튼튼한 학생들은 한 걸음 더 나아가 문제를 해결하는 능력이 발전하고, 또 문제해결 과정에서 자신의 논리를 효과적으로 제시할 수 있는 능력을 가지고 있다.

이러한 기술은 21세기를 살아가는 데 필수적이라고 할 수 있다. 그러므로 부모는 자녀가 수학과 과학을 공부할 때 항상 긍정적인 태도를 보여 주는 것이 무엇보다 중요하다. 그리고 앞으로 잘할 수 있을 것이라는 자신감을 심어 주고 격려하라. 또한 다음에 제시된 활동을 매일 해 봄으로써 수학과 과학을 재미있는 활동으로 만들어 주도록 한다.

●활 동

수학과 과학을 재미있는 활동으로 만들기

다음에 제시된 활동 가운데 적어도 세 가지를 골라 이번 주에 시도해 보라. 그런데 자녀의 연령과 수준에 맞도록 활동해야 한다는 점을 기억하라. 그리고 뒷장에 제시되는 표에 자녀와 실행해 본 활동에 대해서 기록하고 평가하라.

- 어린아이들과 식당에 가면 젓가락, 숟가락 또는 빨대와 같이 숫자를 셀

수 있는 물건을 활용하여 숫자 세기 놀이를 하라.

- 자녀를 학원에 데려다 주거나 슈퍼마켓에 함께 가는 도중에 스무고개, 구구단 또는 숫자 세기 놀이를 할 수 있다. 큰 범주 안에 속한 사물이나 생물의 이름을 찾아서 아는 대로 말하는 게임을 해도 좋다. 예를 들어, "광물에 속하는 것의 이름을 말해 줄래?" 또는 "바다 생물에 속하는 동물의 이름을 말하는 게임을 해 볼까?"와 같은 제안을 하라. 이처럼 놀이나 게임 형식을 활용하여 과학 상식을 학습할 수 있다.
- 자녀와 같이 음식을 만들어라. 음식 조리법을 보면, 음식에 들어가는 재료의 양과 조리 시간 등에 얼마나 많은 수학과 과학의 개념이 들어가 있는지 알게 되고 놀랄 것이다. 또한 이 활동의 좋은 점은 함께 즐겁게 요리하면서 수학과 과학을 배울 뿐만 아니라, 마지막에는 맛있는 음식까지 덤으로 먹을 수 있다는 점이다.
- 초등학교에 다니는 7세 이상의 자녀가 심부름을 하거나 스스로 해야 할 일을 잘 마무리했을 때 용돈을 주어라. 이렇게 하면 아이가 용돈을 저축하고, 용돈을 사용하는 방법을 배우게 되며, 연산 능력도 향상된다.
- 다음에 가족 여행을 계획할 때 자녀가 여행 경로를 정하고, 지도를 보면서 소요 시간을 계산하도록 하라. 그리고 자동차로 이동할 경우 목적지까지 소요되는 시간과 거리와 그에 따른 연료비와 용량을 계산하게 하라. 인터넷 검색을 통하여 쉽게 계산할 수도 있지만, 자녀가 스스로 여행 경로와 시간과 연료 소모량을 계산함으로써 거리 및 시간 개념과 연료 소모량에 대한 감각을 익힐 수 있다.

• 멋진 발명 아이디어에 대하여 자주 대화하고, 또 '위대한 발명왕' 놀이를 하라. 이것은 타임머신이나 인공위성을 발명하라는 이야기가 아니다. 자녀가 창의성을 발휘하도록 하고, 수학과 과학이 우리 생활에서 얼마나 유용한 도움을 주는지 알 수 있도록 대화하고 도와주라는 뜻이다. 또 누가 아는가? 장차 당신의 자녀가 노벨 과학상을 수상할 수 있는 훌륭한 발명품을 만들어 낼지? 정말로 그런 일이 생긴다면 반드시 나에게 연락을 주기 바란다!

수행한 활동	어떻게 진행되었는가?	다음에는 어떻게 보완하겠는가?

■ 가족 화목 활동 – 자연에서 배워요

아버지: 우아, 아름답다. 얘들아, 우리 물놀이하기 전에 10분만 자연퀴즈 게임을 할까? 그러고 나서 놀자. 누구든지 과학에 관한 질문을 한 가지씩 만들어서 물어보는 거야. 음, 아빠가 먼저 질문해 볼게. 이 강물 속에는 어떤 물고들이 살까? 지희야, 너는 어떤 질문을 해 볼래?

딸: 음, 이 들판에는 어떤 식물이 살까요?

아들: 나는 어려운 문제를 낼 거야. 음, 이 들판의 땅속에는 어떤 동물이 살까?

어머니: 나는 수학 문제를 낼게. 저기 보이는 저 다리의 길이를 어떻게 계산할 수 있을까?

가로등
전봇대
자동차
환풍기
피뢰침
안테나
에어컨 실외기
쓰레기통
표지판
신호등
오토바이
얘야, 이 거리에서
광물성에 속하는 것들을
찾아볼까?
지하철 입구
승강기
교회
자전거

50주

가족 모임

문제해결하기

지난 3주의 내용에서 자녀에게 어떤 문제가 발생하면, 그 문제를 통하여 자녀에게 용기와 인내심과 같은 품성을 길러 주고, 또 문제해결의 기술을 가르쳐 줄 수 있는 기회로 삼으라고 제안하였다. 가정도 마찬가지다. 각 가족 구성원의 성격이 다른 것처럼, 가정마다 문제에 대처하는 방식도 각기 다르다.

당신의 가정은 문제가 생기면 서로를 탓하고 언쟁하면서 다투기에 바쁜가? 아니면 진지하게 문제를 해결하려고 하는가? 어쩌면 내 아이들은 걸핏하면 내가 "문제를 해결하라."라고 말해서 지겨워할지도 모르겠다. 그러나 나는 내 자녀가 마술처럼 문제가 사라져 버리기를 기대하거나 백마를 탄 왕자님이 어디선가 나타나 문제를 해결해 주기를 기대하기보다는 효과적인 문제해결의 기술을 학습하고 유능한 문제해결자가 되기를 바란다.

게다가 나는 왕자가 효과적인 문제해결사라고는 생각하지 않는다. 공주님 앞에 나타나서 허리를 굽혀 뽀뽀를 했더니 마침 그때 잠들었던 공주가 우연히 눈을 뜨게 된 것이 아닐까? 그러니까 왕자가 문제를 해결해 준 것이 아니라 그날 엄청나게 운이 좋았던 것은 아닐까? 여기에서 '부모 코칭 프로그램, 적극적인 부모 역할'에 나오는 '적극적으로 문제해결하기' 기술을 소개하면 다음과 같다.

1. 문제를 정의한다

"이번 주 가족 모임에서는 집안일을 어떻게 서로 분담하고 도울 수 있을지 너희와 함께 이야기하고 싶구나."

2. 생각과 감정을 나눈다

각 가족 구성원이 자신의 생각과 느낌을 나누도록 기회를 준다.

3. 가능한 해결책과 행동 지침에 대하여 브레인스토밍을 한다

여러 가지 아이디어를 모두 수용한다. 비현실적으로 보이는 아이디어가 가끔씩은 바람직한 해결 방안으로 이끄는 새로운 아이디어를 생각나게 하는 물꼬를 터 주기 때문이다. 모든 아이디어와 대안을 수용하고, 자녀들 스스로가 해결책을 찾아내도록 한다.

4. 모두가 합의한 해결책을 선택한다

이것은 합의점에 도달하라는 뜻이다. 최종적으로 선택된 해결책은 각자가 제1순위로 선정한 해결책이 아닐 수 있다. 그러나 해결책은 반드시 모든 가족 구성원이 합의하여 지지하는 것이어야 한다. 만일 합의를 이루어 내지 못할 경우에는 투표에 붙이도록 한다(그러나 부모는 가정의 리더이므로 가족의 건강과 안전에 관련된 사항은 부모가 결정한다).

5. 추후 지도를 한다

전 가족이 합의한 사항이 잘 실행되고 있는지 반드시 확인해야 한다. 만일 잘 이행되고 있지 않다면 다시 한 번 가족 모임을 갖도록 한다.

●활 동

가족 화목 활동

'적극적으로 문제해결하기' 기술을 연습하기 위해서, 이번 주에는 온 가족이 하루 동안 함께 즐거운 시간을 보낼 수 있도록 어떤 가족 화목 활동을 할 것인지를 결정한다는 목적을 가지고 가족 모임을 소집하라. 우리가 살고 있는 현대사회는 너 나 할 것 없이 모두가 바쁘다. 모든 가족이 함께 모일 수 있는 날을 정하기란 매우 어렵다. 그러므로 지금 바로 온 가족이 모여 즐겁게 시간을 보낼 수 있는 날을 정하는 것부터 시작하라. 다 같이 예산을 짜고, 또 그 예산 내에서 할 수 있는 가족 화목 활동을 계획해 보라. 그러나 어떤 부모들은 예산 걱정을 하지 않고, 자녀가 가장 좋아하는 놀이동산으로 바로 떠나기도 한다. 아무튼 '적극적으로 문제해결하기' 기술의 5단계에 따라 합의를 이끌어 낼 것을 반드시 기억하기 바란다. 놀이동산에 다녀온 이후에 다음의 표를 작성해 봄으로써 문제를 어떻게 해결했는지 평가해 보기 바란다.

5단계	어떻게 진행되었는가?	다음번에는 어떻게 보완하고 싶은가?
1. 문제를 정의한다.		
2. 생각과 감정을 나눈다.		
3. 가능한 해결책과 지침에 대하여 브레인스토밍한다.		
4. 모두가 합의한 해결책을 선택한다.		
5. 추후 지도를 한다.		

51주

자녀에게 사랑의 시를 써 주어라

내가 고등학교 때 갑자기 어머님이 돌아가셨다. 그리고 17세가 되었을 때 너무도 훌륭하고 멋진 새어머니가 우리 가정에 들어오셨고, 새어머니는 수십 년에 이른 지금까지도 우리를 한결같이 사랑하신다. 원래 따뜻하고 배려심 깊은 성품이신 새어머님과 한 식구가 되자마자 나는 곧바로 친해졌고, 우리는 이야기꽃을 피우며 수많은 밤을 보냈다.

고등학교를 졸업한 이듬해 나는 타지의 대학에 들어갔다. 내가 집을 떠날 때 새어머니는 나에게 깜짝 놀랄 만한 선물을 주셨다. 그것은 나를 위해 쓴 시(詩)였다. 새어머니는 시인도, 작가도 아니다. 그러니까 그 시는 새어머니가 여러 번 써 보고 또 써 보고 나서 완성한 글이었다. 비록 그 시가 신인 문학가 상을 받을 만한 수준의 것은 아니지만, 나에게는 이 세상에서 가장 아름다운 글임에 틀림없다.

새어머니가 손수 써 준 그 편지를 나는 지금까지도 고이 간직하고 있다. 왜냐하면 그것은 그녀의 인생에서 새로이 얻게 된 아들에 대한 사랑이 담긴, 진정한 마음에서 우러나온 글이기 때문이다(새어머니에게는 전남편과의 사이에서 낳은 세 명의 자녀가 이미 있었으니까). 새어머니는 내가 멋진 대학 생활을 해낼 수 있는 힘이 있다고 확신한다는 글을 써 주었다.

내 딸 메간(Megan)이 만으로 열여섯 살이 되었을 때 나도 사랑의 시를 써 주었다. 제목은 '열여섯 살의 메간' 이다(제법 재치 있지 않은가?). 내 딸의 사랑스러운 모습에 초점을 맞춘 글이다. 시의 첫 구절은 다음과 같이 시작된다.

미래를 향하여 비전을 가지고 힘찬 발걸음을 내딛는 너!
인생의 장애물은 뛰어넘는 선수처럼 준비되어 있구나.
걸림돌을 이용하여 발전과 승리의 기회로 만드는 너!

메간은 체조 전공자요, 배구 선수다. 그래서 이 시에서는 운동선수로서의 역할을 넌지시 암시해 주는 문구를 사용하였다. 나머지 문장에서는 그녀의 여러 가지 강점과 역할을 묘사하였다. 마지막 대목은 다음과 같이 내가 강조해서 들려주고 싶은 말로 끝맺음을 하였다.

사랑이 넘치고, 순수한 영혼의 네 가슴은 힘차게 박동하는구나.
네 모습 그대로 오로지 사랑받는 딸이여!
착한 내 딸! 그러나 착한 것 이상으로 더 많이, 하늘만큼 그렇게
아빠는 널 사랑한단다.

●활 동

시를 써 보자

살아오면서 단 한 번도 시를 써 본 적이 없다면, 이번 기회는 당신에게 특별한 시간이 될 것이다. 시를 써 보는 일은, 당신이 문장력이 있든 없든 간에 매우 긍정적인 에너지가 샘솟는 신선한 경험이 될 것이다. 운율적인 시를 쓰거나, 자유시를 쓰거나 마음대로 써 보자.

긴 문장이어도 좋고, 짧아도 좋다. 마음에서 진정으로 우러나오는 말로, 자녀에 대해서 느끼는 사랑의 감정에 초점을 맞추는 것이 중요하다. 다음의 요령을 참고하기 바란다.

- 자녀가 보이는 독특한 면을 적도록 하라. 그래서 당신의 글이 축하카드에 나오는 글과 같은 상투적인 문장이 되지 않도록 하라.
- 영감을 얻고 싶으면, 이 책의 17~18쪽에 붙여 놓은 자녀의 사진을 다시 한 번 눈여겨보기 바란다.
- 이 시는 사랑의 시다. 그러므로 100% 긍정적인 문구만 사용하라. '과거에 네가 ……해서 내가 힘이 들었는데, 지금 너는 참 좋아졌구나.'라는 식의 문장은 절대로 쓰지 말라.
- '그대는 장미요, 백합이다.'라는 식으로 표현하지 말라. 그것은 구식이다.

- 문장이 잘 떠오르지 않으면, 먼저 어떤 시집을 사서 읽어 보고 영감을 얻도록 하라.
- 도무지 한 줄도 글이 써지지 않으면 돌멩이로 당신 머리를 한 대 때려 보라(실제로 그렇게 하면 안 된다. 다만 자기 뒤통수를 한 대 쳐 본다고 생각해 보기 바란다. 내가 이런 말을 하는 것은 허튼소리가 아니고, 분명히 신빙성 있는 말이다. 셰익스피어는 사행시를 쓰려고 할 때 발상이 떠오르지 않으면 이와 같은 방법을 사용했다고 알려져 있다).
- 시에 대한 초안을 먼저 적어 보고 나서 하루해를 넘긴 그다음 날, 당신이 적어 놓은 글을 다시 읽어 보라. 그리고 수정하면 좋은 글이 된다. 그러고 나서 그 시를 자녀에게 주어라. 대부분의 시인들도 이와 같은 습작(習作)과 수정(修正)의 과정을 거친다.

마지막으로 당신이 쓴 시의 복사본을 이 장 사이에 접어 넣어 두고, 보관하도록 하라. 만약 여러 사람에게 당신이 쓴 시를 소개하고 싶다면 홍경자심리상담센터(apkoreahong@hotmail.com)로 보내 주기 바란다. 당신의 글을 기꺼이 읽어 보고 나서 여러 사람에게 공개하고 싶다.

52주

부모로서 당신의 강점

벌써 우리가 함께 보낸 시간이 거의 끝나 가는 것 같다(당신이 정확히 일 년 동안 이 책을 읽고, 모든 활동하기의 숙제도 실천하고, 드디어 오늘이 마지막 시간이 된 것 같은 느낌이 든다). 우아! 52주를 함께 공부했다니…….

당신은 아마도 한 달 이내에 이 장까지 완전히 독파했을 것이다. 이 책을 끝까지 다 읽었다면 상관없겠지만, 만약에 당신이 이 책의 중간 장을 건너뛰고 대충 읽었다면, 실제로는 그렇게 소홀하게 이 책을 다룬 사람이 별로 많지 않다는 사실을 알고 나서 실망감을 느낄 수도 있다.

이 책을 열심히 읽었든 대충 읽었든지 간에, 누구든지 이 책을 다시 펴고, 중요한 대목을 또 한 번 읽어 보고, 느긋한 마음으로 활동하기의 숙제도 다시 해 볼 필요가 있다. 당신이 그동안 성실하게 노력한 모범생이라면, 이제 마지막 주간의 학습 활동을 함께해 보자!

모든 부모에게는 충분히 계발할 여지가 있는 강점이 있다. 이 책을 읽는 동안에 당신은 자신이 가지고 있는 많은 강점과 능력을 확인할 수 있었을 것이다. 그리고 또 아직은 계발되지 않았지만, 자기 안에서 발견된 새로운 강점을 구축하는 일에 많은 도움이 되었을 것으로 믿는다.

부모에게도 격려가 필요하다. 그러므로 자신의 강점을 확인하고, 스스로를 격려하는 법을 잊지 않도록 유념하자.

그동안 우리가 다루어 온 부모 역할의 영역이 다음 장에 기록되어 있다. 당신이 가지고 있는 강점을 각 영역별로 찾아서 적어 보자. 그러고 나서 부모라는 직업이 이 세상에서 가장 어렵고도 가장 힘든 직업이라는 사실을 다시 한 번 기억하기 바란다.

그리고 당신의 자녀와 가족과 지역사회를 위해서 노력하고 공헌해 온 자신에 대하여 잠시 동안 가슴 뿌듯한 느낌을 가져 보기 바란다.

● 활 동

당신의 강점을 구축하기

다음에 열거된 부모 역할의 각 영역에서 당신이 가지고 있는 강점(장점)을 최소한 한 가지는 적어 보기로 하자("우아! 드디어 마지막 과제로군. 야호!").

영 역	당신의 강점
관계 형성하기	
격려하기	
훈육하기	
함께 시간 보내기	
학교행사에 참여하기	
의사소통하기	
자신을 보살피기	
사랑을 표현하기	

"축하 드립니다!
당신의 자녀는 당신이 있어서 행복합니다."

11주

활동 ① 당신 ② 당신 자녀 ③ 당신

역자의 선물 ① 엄마 ② 아빠 또는 아빠와 딸 ③ 아들 ④ 아빠와 아들

13주

역자의 선물 ① × ② × ③ × ④ ○ ⑤ × ⑥ ○ ⑦ ×

⑧ ○, △ ⑨ ○

14주

역자의 선물 • 감정 읽기 연습 ① c ② b ③ e ④ a

• 의사소통의 걸림돌을 찾아내고 수정하기 빈정대기 – 탓하기 – 심리 분석하기 – 도덕적 판단하기 – 위협하기

• 자녀의 마음을 읽어 주고 문제해결적인 대화로 이끌어 가기 심문하기 – 심리 분석하기 – 도덕적 판단하기 – 관심 돌리기 – 명령하기

20주

역자의 선물 ① ×, △ ② × ③ ×, △ ④ ○, △ ⑤ × ⑥ ○

⑦ ○, △ ⑧ × ⑨ ○ ⑩ ○

23주

역자의 선물 ③

24주

역자의 선물 ① **느낌** – “너는 저 장난감을 몹시 가지고 놀고 싶구나.”

② **한계점** – “그런데 오늘은 네 장난감을 사 줄 돈을 안 가져왔구나. 게다가 저 장난감과 비슷한 것이 우리 집에 있지 않니? 그러니까 오늘은 저것을 살 수가 없단다.”

③ **대안** – “음, 그래도 네가 정말 저 장난감을 꼭 가지고 싶다면, 오늘은 안 되고, 다음번에 엄마가 너에게 사 주려고 모아 둔 돈으로 그 장난감을 사도록 하자.”

④ **논리적 결과** – “그 대신에 네가 저 장난감을 사면, 다음번에는 다른 장난감을 살 수가 없단다. 그러니까 오늘 집에 돌아가서 저것과 비슷한 네 장난감을 다시 한 번 잘 살펴봐라. 그러고 나서 집에 있는 장난감을 그대로 가지고 놀고 다음번에 다른 장난감을 사 달라고 할래? 아니면 저 장난감을 사는 조건으로 다른 장난감을 엄마가 안 사 주어도 좋니? 잘 생각해 보고 나서 네가 원하는 것을 말해 보렴.”

29주

역자의 선물 ① 아들에게 따로따로, 각자의 이름으로 편지를 쓴다(예: "사랑하는 재석아!" "사랑하는 재민아!").

② 지나간 실수는 언급하지 않는다. 그 대신에 현재 발전한 모습을 강조한다(예: "요즘 네가 꼬박꼬박 학교에 잘 가는 모습을 보니 아빠는 마음이 흐뭇하구나.").

③ 자녀의 나이와 발달 수준에 맞는 말로써 하라(예: "이제부터는 아침에 일찍 일어나서 네 스스로 세수하고 옷도 잘 챙겨 입겠지?").

④ 구체적으로 말해 준다(예: "네가 집 안 청소도 도와주고, 설거지도 도와주어서 큰 힘이 되었어.").

⑤ 부정적인 면을 가능한 한 긍정적으로 표현한다(예: "네가 진로 문제를 고민하고 있는 모습을 보고, 아빠는 네가 참으로 진지하고 성실한 태도를 가지고 있다고 느꼈단다. 진로 결정은 누구에게나 쉬운 일이 아니니까 시간을 가지고 너의 적성을 발견하도록 차분하게 임하면 좋을 것 같구나.").

33주

역자의 선물 1. ④ 2. ④ 3. ③ 4. ②

참고문헌

홍경자 외 공역(1997). 적극적 부모의 하이웨이. 중앙적성출판사.

홍경자 외 공역(2007). 부모코칭 프로그램: 적극적인 부모역할, Now! – 부모용 지침서. 학지사.

홍경자(2004). 청소년의 인성교육. 학지사.

홍경자(2007). 의사소통의 심리학. 이너북스.

홍경자(2007). 대인관계의 심리학. 이너북스.

홍경자(2007). 자기주장의 심리학. 이너북스.

Healy, J. M. (2004). *Your Child's Growing Mind: Brain Development and Learning from Birth to Adolescence* (3rd. ed.). New York: Random House.

Popkin, M. H. (2001). *Active Parenting Now Parent's Guide*. Atlanta, GA: Active Parenting Publishers.

Popkin, M. H., Youngs, Bettie B., & Healy, Jane M. (2001). *Parents On Board: Helping Your Child Succeed in School*. Active Parenting Publishers.

Popkin, M. H., & Spizman, R. F. (2002). *Getting Through to Your Kids: Easy Conversations about Difficult Things*. New York City: The Berkeley Publishing Group.

Youngs, B. B. (1993). *Keeping Your Childen Safe: A Parent's Guide to Physical, Emotional, Spiritual and Intellectual Wellness*. San Diego: Learning Tools.

www.ActiveParenting.com/parents.htm

• **부모 코칭: 적극적인 부모 역할 훈련**은 AP지도자(전문강사)에 의하여 전국적으로 보급되고 있습니다. 보다 심도 있게 부모 코칭을 공부하고 활용하고 싶은 분과 AP지도자가 되고 싶은 분은 아래 정보를 참고하시기 바랍니다.

홍경자 심리상담센터(AP한국본부)

- http://www.gocounseling.co.kr
- E-mail: apkoreahong@hotmail.com
- Tel: 02) 521 3250~1

저자 소개

» Michael H. Popkin

마이클 팝킨(Michael Popkin) 박사는 국제적으로 저명한 부모교육 전문가로서, 적극적인 부모역할 출판사의 사장이다. 그는 세계에서 최초로 부모교육에 관한 비디오(DVD)를 만들어 학부모들이 비디오를 시청하면서 역할놀이를 통해 효율적인 자녀 지도의 기술을 익히도록 한 '적극적인 부모역할(Active Parenting: AP)' 프로그램을 제작하였다. 이 프로그램은 수백만 명의 부모와 교사들에게 큰 감명을 주고 있다.

그는 '적극적인 부모역할(AP)' 프로그램(AP Today, AP Teens, AP Now)과 『이혼 · 별거 가정의 부모역할』『재혼가정의 적극적인 부모역할』을 비롯하여 20여 권의 책을 저술하였다.

학교 총기 사건을 다룬 그의 'She Said Yes: The Unlikely Martyrdom of Cassie Bernall'은 다큐멘터리상을 수상하였으며, 이 외에도 CA의 아동학대예방센터상, 미연방 어린이 인권위원회의 적극적 부모상, Atlanta 상공회의소의 중소기업인상, 미국 학교 카운슬러협회 공로상을 수상하였다.

그는 CNN과 'Oprah Winfrey Show'를 비롯한 TV와 라디오 프로그램에 수백 번 출연하였고, 세계적인 부모교육 전문가로 널리 알려져 있다.

편역자 소개

» 홍경자

전남대학교 교육학과 교수(1976~2006)를 역임하고, 현재는 전남대학교 명예교수로 있으면서, 한국심리학회 공인 상담심리전문가, 한국상담학회 공인 수련감독전문상담사, 한국가족상담협회 슈퍼바이저, 한국기독교상담심리치료학회 수련감독으로 활동하고 있다.
또한 홍경자심리상담센터 소장(Active Parenting 한국 본부장)으로서 세계적인 부모코칭 프로그램인 '적극적인 부모역할'의 지도자를 양성하고 있다.
그동안 『자기주장과 멋진대화』(학지사, 2006), 『의사소통의 심리학』(학지사, 2007)『청소년의 인성교육』(학지사, 2004) 등 40여 편의 저서 및 역서를 출간하였고, 100여 편의 논문을 저술하였다. 또한 한국인의 한(恨)을 치유하는 '아리랑 Therapy'에 대한 특허를 소지하고 있다.

» 김유정

미국 미주리 대학교와 서울대학교 대학원 및 전남대학교 대학원 석사과정을 마치고, 성신여자대학교 박사과정을 수료하였다.
적극적인 부모역할 지도자 및 트레이너로서, 또 홍경자심리상담센터 상담실장으로서 활발하게 활동하고 있다.

MEMO

MEMO

MEMO

MEMO

52주간의 멋진 부모 코칭

-적극적인 부모 역할 마스터-

2013년 1월 30일 1판 1쇄 발행
2025년 1월 20일 1판 7쇄 발행

지은이 • Michael H. Popkin
편역자 • 홍경자 · 김유정

펴낸이 • 김 진 환
펴낸곳 • (주) 학지사
04031 서울특별시 마포구 양화로 15길 20 마인드월드빌딩 5층
대표전화 • 02) 330-5114 팩스 • 02) 324-2345
등록번호 • 제313-2006-000265호

홈페이지 • http://www.hakjisa.co.kr
인스타그램 • https://www.instagram.com/hakjisabook/

ISBN 978-89-6330-989-7 03370

정가 14,000원